Walter Flemmer

Jeder braucht seine Wüste

Einladung zu einer spirituellen Reise

Kreuz

Bibliografische Information der Deutschen Bibliothek
Die Deutsche Bibliothek verzeichnet diese Publikation in der
Deutschen Nationalbibliografie; detaillierte bibliografische Daten
sind im Internet über http://dnb.ddb.de abrufbar.

© 2009 Verlag Kreuz GmbH
Postfach 80 06 69, 70506 Stuttgart

www.kreuzverlag.de

Umschlaggestaltung: Bergmoser + Höller Agentur, Aachen
Umschlagbild: © Mohammed El Hajjami, Fotolia.com
Fotografien im Innenteil: © Walter Flemmer
Satz: de·te·pe, Aalen
Druck: freiburger graphische betriebe, Freiburg

ISBN 978-3-7831-3395-0

Inhaltsverzeichnis

Vorwort

In die Wüste gehen. Ein Traum wird Wirklichkeit, als sich die Möglichkeit ergibt, mit einem Fernsehteam von den Vereinigten Arabischen Emiraten aus in die Rub Al Khali, in die Arabische Wüste, zu fahren.

Wüste, ein Wort, das eine magische Dimension entwickelt, die Versprechung, für einige Zeit den Geschäften des Tages entkommen zu können, unerreichbar für Telefongespräche, für die gewohnte elektronische Kommunikation, für die man scheinbar in jedem Winkel der Erde anklickbar sein muss. Nein, diese Kontaktmöglichkeiten sollten abgeschaltet sein, um nicht die einzigartige Herausforderung zu gefährden, die Chance zu verspielen, ein wenig teilzuhaben an den Erfahrungen von Menschen, die schon vor Jahrhunderten die Wüste aufgesucht hatten, um zu sich zu kommen, ja, um die Nähe des Schöpfers zu spüren.

Ein Sprichwort der Sahrauis, der Bewohner der Sahara, meint, die Sahara sei der Garten Allahs, aus dem alle Geschöpfe verbannt seien, damit der Schöpfer einmal ungestört von seinen Geschöpfen in Frieden wandeln könne. Ein wenig von diesem Frieden war zu erwarten bei der ersten stundenlangen Fahrt über die Sandpisten, beim Hinaufsteigen auf eine Sanddüne in der brennenden Mittagsglut. Zum ersten Mal durfte ich das Geschenk einer grenzenlosen Stille erfahren, einer Stille, die ich nie zuvor auf dem Meer oder in den Bergen erlebt hatte.

Tage, an denen der Sand in den Augen schmerzte und der Wind die Haare mit Sand verklebte. Tage und Abende, die mich zu mir selbst führten. Möglichkeiten, mich auch vom Team zu entfernen, mich niederzusetzen hinter der nächsten Düne, um ganz allein zu sein, ungestört in der unvergleichlichen Landschaft aus Helligkeit und Sand.

Dann die Versuche, niederzuschreiben, was mir durch den Kopf ging, das körperlich-sinnlich und das geistig Erfahrene. Die Nächte draußen unter den Sternen, die ich so nicht einmal nachts im brasilianischen Busch erlebt hatte. Ein Aufschauen in die Tiefe des Universums, das sich unendlich öffnet und den Geist in die Fernen mitzieht. Allein, im Schlafsack, weg von den anderen, von allem, allein mit dem Schweigen des Sandes und dem Schweigen der Sterne. Schlaflose Nächte, in denen sich der Kopf wie aufgeschnitten anfühlt. Sternenlicht, das die weit offenen Augen in die Unendlichkeit führt. Wüste: eine Erfahrung für ein ganzes Leben. Und der Gedanke: Man müsste diese ganze, riesige Wüste durchqueren können, einige Monate lang Zeit haben, mit Kamelen von Abu Dhabi oder Doha aus aufbrechen und nach Südwesten ziehen, bis hin zum Roten Meer.

Und noch ein anderes:

Vielleicht könnte der Entschluss: Ich geh mal in die Wüste, zur Aufforderung werden, von Zeit zu Zeit im wörtlichen wie übertragenen Sinn den Alltag hinter sich zu lassen, loszulassen von den täglichen Geschäften und Sorgen. Der Weg in die Wüste: Die Entscheidung, abzuschalten, ist auch eine Suche nach Sinn, die Überprüfung bisheriger Handlungen, Haltungen und Entscheidungen. Sich selbst zu prüfen, ist immer auch die Chance eines Neubeginns. Da nichts in der Wüste ablenkt, können die Gedanken sich auf das Wesentliche konzentrieren. In schwierigen Situationen mag es angezeigt sein, sich an die Wüstenerfahrungen zu erinnern, in Gedanken in die Wüste zu gehen, alles Andrängende zur Seite zu stellen und Ruhe und Gelassenheit zu schöpfen. Wenn ..., dann geh ich in die Wüste.

Walter Flemmer
München, im Frühjahr 2009

Leere, die zur Fülle wird

Alles scheint in der Wüste zu Ende, leer zu sein. Wer in die Wüste geht, verzichtet auf den lauten Wechsel des Lebens. Er nimmt Abschied. Er wendet sich ab von Luxus und Überfluss, von allem nicht Notwendigen und Bequemen. Die Wüste ist unbequem. Sie zeigt, dass vieles von dem, was wir für unentbehrlich hielten, entbehrlich ist. In der Wüste gibt es keine Hotels und Bars, keine Bands, die Musik machen. Doch es ist gut, von Zeit zu Zeit in die Wüste zu gehen, das Laute zurückzulassen, auszuschalten, was wir sonst zu brauchen scheinen. In allen Kulturen der Menschheitsgeschichte haben sich Einzelne zurückgezogen, um zu sich zu kommen, um in der Leere eine neue Lebenschance zu erfahren. In den Religionen des Ostens und des Westens ist die Wüste der Ort der Sammlung und des Gebetes, Ort des ungestörten Alleinseins und des Einsseins mit Gott.

Die Wüsten der Erde breiten sich aus, Oasen verschwinden, die Sanddünen wachsen, die Erderwärmung setzt Zeichen. Der Lebensraum der Menschen nimmt ab. Gleichzeitig bauen die durch Ölvorkommen reich gewordenen Nationen in die Wüste hinein. Künstliche Bewässerungen, Wasser, durch Meerentsalzung gewonnen, machen früher unbewohnbare Gegenden zu neuen, spektakulären Lebensräumen. Ins Meer hineingebaute Wohn- und Freizeitbereiche verwandeln das Gesicht der Erde. In die einst stillen Räume kehrt der Lärm der Unterhaltung ein. Doch die Herausforderung der Wüste bleibt. Das Bild des einzigartigen Ortes der Stille und

Sammlung, so, wie ihn immer wieder Menschen erlebt haben, wie sie von ihm erzählt haben.

Jesus zog sich vierzig Tage in die Wüste zurück. Und er sagte zu seinen Jüngern: »Kommt mit mir, ihr allein, an einen einsamen Ort und ruht ein wenig aus« (Mk 6,31).

Dieses Ausruhen, von dem Jesus spricht, ist eine geradezu elementare Befindlichkeit. Jesus bietet seinen Jüngern an, mit ihm zusammen das gemeinsame Wandern, die Gleichnispredigten, die Auseinandersetzungen mit den Schriftgelehrten, auch die freundschaftlichen Gespräche, das Lehren beiseitezulassen. Er fordert die Jünger auf, an einen einsamen Ort mitzukommen. In Palästina war damit sicher die Wüste gemeint, der einsame Ort, an dem die scheinbar wichtigen Bindungen und Verbindlichkeiten keine Rolle mehr spielen.

Johannes der Täufer fastete und betete in der Wüste, ehe er sich aufmachte, um den Weg des HERRN zu bereiten. So, wie sich Propheten und Jesus, so, wie sich Mönche in die Wüste, in die Einsamkeit der Sammlung begeben haben, müssen auch wir die Zeit finden, um die Leere in unser Leben hineinzunehmen, um Raum zu schaffen. Wir müssen leer werden, um für die Fülle des Lebens Raum zu haben.

In die Wüste gehen. Das heißt: dich aus der Hast und dem Überfluss des täglichen Lebens zu lösen, dir bewusst zu sein, dass du in der Leere allein sein musst, um Kraft zur Reife erfahren zu können.

Der Mystiker Angelus Silesius sagt: »Die Einsamkeit ist not, doch sei nur nicht gemein, so kannst du überall in einer Wüste sein.«

Die Landschaft der Wüste macht den Menschen offen. In der Offenheit der Dünen, bis hin zum Horizont, ist der Einzelne auf sich selbst zurückgewiesen. Alles ist klar, eindeutig, unverstellt in dieser Umgebung, in der Allgegenwart des Sandes, der klaren Formen, der unaufhörlichen Hitze.

Vielleicht wird erst in der Wüste das Alleinsein möglich. In der Wüste als dem wirklichen und dem vorstellbaren Ort, an dem nichts mehr ablenkt, nichts mehr den Blick verstellt. Wüste, das ist das Heraustreten aus dem Gewohnten, das Sich-selbst-Aussetzen, das Offenwerden, Entgrenzen.

Der Mensch braucht, um zu sich finden zu können, das Alleinsein. In der Stille der Wüste beginnst du, auf den eigenen Atem und den Schlag des Herzens zu hören. Neben diesem Mit-sich-Sein ist nur noch der Wind, der den Sand über die Kämme der Dünen fegt, der die Dünen formt.

Einsamkeit, das Wort weckt leicht Assoziationen. Begriffe wie Verlassensein, Verlorensein, Ausgeschlossensein drängen sich auf.

Einsiedler haben bewusst die Einsamkeit gewählt, um dem Beieinandersein der Menschen die Nähe zu Gott entgegenzusetzen. Sie haben sich in unzugängliche Gegenden zurückgezogen, auf Berge, in Höhlen, um im unaufhörlichen Gebet über sich hinauszuwachsen.

Die sogenannten Wüstenväter sind zu herausgehobenen, beispielhaften Heiligen geworden. Ihre selbst gewählte Einsamkeit meint nicht ein Verlieren oder Alleingelassensein, sondern wird als Gewinn verstanden.

Makarius der Große ist einer der Wüstenväter, der im vierten Jahrhundert lebte, aus Ägypten stammte und aus einer einfachen Familie kam. In seiner Jugend soll er ein Hirte gewesen sein. Er wurde von seinen Eltern verheiratet, doch seine Frau starb in jungen Jahren. Er selbst berichtet, man habe ihn im Dorf zum Kleriker gemacht, und gibt damit einen Hinweis darauf, dass er sich wohl eine gewisse Bildung angeeignet hatte. Weiter heißt es in seiner Vita: Er floh an einen anderen Ort. Der frühe Tod seiner Frau scheint mit der Anstoß gewesen zu sein, sich zurückzuziehen.

Seine Flucht aus der Gesellschaft war auch eine Antwort auf die religiöse Situation seiner Zeit. Kaiser Konstantin hatte das Christentum zur Staatsreligion gemacht. Damit verwischte sich aber auch die Grenze zwischen Staat und Kirche. Ein Prozess der Verweltlichung setzte ein. Christ zu werden, sich taufen zu lassen, war auch eine Stufe zur gesellschaftlichen Karriere.

Schon Antonius von Ägypten hatte mit seinem »Wüstenchristentum« ein Zeichen gegen die Verflachung des Glaubens gesetzt.

Doch der Weg in die Wüste ist keine Flucht, kein Sich-Versagen gegenüber der Gesellschaft, sondern ein Weg aus der gesicherten Häuslichkeit eines etablierten Christentums und die Hinwendung zum Unbedingten.

Der Mensch, der in die Wüste geht, nimmt freiwillig die kaum erträgliche Tageshitze und die Nachtkälte auf sich. Er setzt sich aus und erfährt in der Askese die Offenbarung des Göttlichen. Wer alles Bequeme hinter sich gelassen hat, vermag in der Wüste ein unbeschreibliches Glück zu erfahren.

Makarius hat von trunkener Freude gesprochen und die in die Wüste Gezogenen als »Gott-Trunkene« bezeichnet. Doch Makarius ist seinen Weg in die Wüste nicht überhastet, nicht sprunghaft gegangen. Zunächst bezog er eine Zelle in der Nähe des Dorfes, dann wanderte er vom Berg Nitra aus in die Wüste Seete, die zwischen Ägypten und Libyen liegt. Er erlebte die Wüste als Ort, ja als Zustand, an, in dem man anders als an jedem anderen Ort Gott nahe sein kann, weil nichts mehr diese Hinwendung stört. Zu Beginn seines Wüstenweges hatte Makarius Antonius, den Vater des Mönchtums, aufgesucht. Von ihm hat er jene, zunächst in der Einsiedelei gewachsene Form des mönchischen Lebens übernommen.

In der Einsamkeit der Wüste hat er das Gespräch mit Gott gesucht und im Gebet ein Einswerden erfahren, wie es auch später immer wieder Mystikerinnen und Mystiker beschrieben haben, wie sie versucht haben, das eigentlich Unbeschreibbare in Worte zu bringen.

Makarius hat seine Wüsten, die Gebets- und seine Gottesnähe-Erfahrung weitergegeben. Schüler haben ihn besucht, haben sich von ihm belehren lassen. Das Geschenk der Wüste kann der, der in die Gesellschaft zurückkehrt, weitergeben oder er bleibt gleichsam als Kraftstation in der Wüste, in der Einsamkeit, und gibt anderen, die zu ihm kommen, seine spirituellen Erfahrungen weiter.

Gregor von Nyssa (ca. 333 bis ca. 394), den man den Vater der christlichen Mystik genannt hat, stellt Mose als einen Mann vor, der, wie er sagte, »lange Zeit ein unumlärmtes Leben in der Weisheit der Wüste führte«. Die Wüste als Ort, an dem man der Weisheit begegnen kann.

Wie in der westlichen Spiritualität, so gibt es auch in der östlichen, der in Asien beheimateten, einen seit Jahrhunderten gewachsenen und vertieften Rückzug aus der Welt. Buddha und seine Schüler haben die Einsamkeit als Weg in die Selbsterlösung, die Erleuchtung, erfahren. Nach diesen Regeln begeben sich noch heute Menschen ins Retreat, in den Rückzug, der in die Tiefe des Erkennens führt. Im scheinbar engen Weg, weg von den Versuchungen des Alltags, geschieht das Aufleuchten einer neuen Dimension. Das Sich-Zurückziehen ist der

Beginn einer Geburt, ist Reinigung. In den Klöstern ist wie in Schatzhäusern die Möglichkeit der Veränderung, die Chance des Zu-sich-Kommens aufbewahrt, wird sie angeboten. Besinnungstage, Meditations- und Gebetszeiten öffnen den Menschen.

Das Alleinsein ist nicht bedrückende Einsamkeit, sondern notwendiges Zurückfinden zur eigenen Kraft, zum Bedenken des Wesentlichen. Nur in der Stille kann die Seele Gott erkennen.

Sei gern einsam und still

Suche dir oft eine schickliche Zeit aus, wo du bei dir selbst, ganz allein, zu Hause sein kannst. Und wenn du so ganz allein bei dir selbst zu Hause bist, so überdenk das Gute, das du von der Hand Gottes empfangen hast. Entzieh dich all dem, was nur deine Neugier reizt. Lies und lies wieder in solchen Büchern, die, statt deine Gedanken nach allen vier Winden zu zerstreuen, dein Herz in dir sammeln und zu Gefühlen der Reue aufschließen. Wenn du dich von dem unnötigen Geschwätz, dem eiteln Umherlaufen und dem geistlosen Jagen nach Neuigkeiten losmachtest, so würdest du Zeit genug übrig haben, dich heilsamen Betrachtungen zu widmen. Die größten Heiligen sind dem geräuschvollen Umgang mit andern, soviel sie konnten, ausgewichen, und es war ihnen weit lieber, Gott im Stillen zu dienen. Jemand sagte sehr wahr: Sooft ich unter Menschen gewesen bin, war ich beim Heimgehen weniger Mensch. Dies erfahren wir fast immer, wenn wir uns müde schwatzen. Es ist leichter, nichts reden, als reden und nicht fehlen. Es ist leichter, sich im Hause verborgen halten, als sich außer dem Hause rein bewahren. Wer also zum innern, geistlichen Leben gelangen will, der muss sich mit Jesus von der Volksmenge entfernen. Niemand kann sich sicher auf dem Markt sehen lassen, der nicht gern ungesehen daheim bleibt. Niemand kann sicher den Mund zum Reden auftun, als der ihn gern wieder schließt und geschlossen hält. Niemand kann sicher obenan stehen, als der gern untenan steht. Niemand kann sicher befehlen, als der gelernt hat gehorsam sein.

Stille- und Ruhigsein, das bringt die andächtige Seele im Guten weiter, das lehrt sie, die Geheimnisse der Schrift verstehen, das schließt ihr Bäche von Tränen auf, mit denen sie sich alle Nächte wäscht und reinigt, damit sie mit ihrem Schöpfer desto vertraulicher umgehen könne, je weiter sie sich vom Getümmel der Welt entfernt hat.[1]

THOMAS VON KEMPEN

Mystische Erfahrung der Weltreligionen

Immer wieder erscheint z. B. in den Texten des Buddhismus, in den buddhistischen Lehren wie in den Texten der christlichen Mystiker der Begriff »Leere«. »Leerheit« meint im Buddhismus die grundlegende Weise und Beschaffenheit des Geistes, sie stimme mit dem *Dharmakaya-Aspekt* der Erleuchtung überein. Dharmakaya ist das wahre Wesen des Buddha und identisch mit der transzendentalen Wirklichkeit überhaupt.

Leerheit weist darauf hin, dass alle Dinge bloße Erscheinungen sind. Leerheit ist uneingeschränktes Offensein, Nichtgetrenntsein. Wir erfahren sie, wenn wir unsere festgelegten, festgefahrenen Vorstellungen und Meinungen hinter uns gelassen haben, wenn wir uns selbst durchschaut haben, wenn wir von einem Selbst und zu dem, was zum Selbst gehört, leer geworden und deswegen offen sind. Leere meine, wie Edward Conze, der große Erforscher und Interpret des Buddhismus sagt, einerseits Entbehrung, andererseits Erfüllung. Erreicht wird Offenheit in der Meditation. Der meditierende Buddhist erfährt so die im Menschen grundgelegte Offenheit und Leerheit des Lebens.

In der Offenheit der Leere steckt die heilende Kraft des Bewusstseins, dass alles miteinander verbunden ist. Der Geist lässt los aus den Verklammerungen, lässt geschehen. Leerheit und Ganzheit gehören zusammen.

Der Begriff »Leere« erscheint bei dem indischen Philosophen und 14. Patriarchen Nagarjuna im 2. Jahrhundert. In seiner Lehre vom »mittleren Weg« ist Leere der

Zentralbegriff. Er bedeutet, dass wir von nichts eine Aussage machen können, alles sei seiend wie auch nicht seiend. Schließlich sei das *Nirvana* erreicht, wenn die Vorstellung von Sein und Nichtsein verschwunden, wenn die endgültige Leere gewonnen ist.

Auch Zen vertritt die Philosophie der Leerheit. Leerheit schafft Raum, Befreiung. Der Mönch, der das Sitzen in der stillen Meditation (*Zazen*) übt, versucht sogar das Umherirren der Gedanken auszuschalten. Sein Geist ist entgrenzt, auf das Grenzenlose ausgerichtet und spürt die spirituelle Kraft einer über den Erfahrungsraum hinausgehenden Existenz. Das innerste Gesetz ist das *Dharma*, das Mysterium des Seins.

Und dieses erfährt der menschliche Geist, indem er sich versenkt. Meditation ist kein Suchen nach der Wahrheit; der Meditierende will kein objektives, begriffliches Wissen von Gott erreichen, sondern eine Begegnung mit der Wahrheit, ein Einssein mit dem Urgrund erfahren. Deswegen lässt der Geist los, deswegen ist in der Kargheit, sprich Leere der Wüste, die Abwendung von Lärm und den vergänglichen Befriedigungen leichter als im Umkreis der überbordenden materiellen Angebote.

Die Mystiker aller Weltreligionen wussten um das Geöffnetsein in der Meditation, um das Hineinhorchen in sich und das sich ins Weite öffnende Gefühl eines unglaublichen Aufgehobenseins in den Zusammenhang alles Lebendigen.

Die christlichen Mystiker haben in der durch die Leere gefundenen Offenheit Gott erfahren, Gott geschaut. Aber dazu mussten sie körperlich oder geistig in die Wüste gehen, alles Haftende, Ängstigende beiseitelassen, damit das Öffnen geschehen kann. Ein früher englischer Zisterziensermönch, Aelred von Rievaux (um 1109–1166), hat gesagt: »Sei wie ein leeres Gefäß.«

In dem von Ryôsuke Ohashi herausgegebenen Buch *Die Philosophie der Kyôto-Schule* behandelt Shizuteru Ueda das Thema »Das absolute Nichts im Zen, bei Eckhart und bei Nietzsche«. Damit wird die Mystik Meister Eckharts in Verbindung zu den Erfahrungen des Zen-Buddhismus gebracht. Doch bei dem deutschen Mystiker »erscheint der Gedanke des absoluten Nichts in dem Sinne, dass Gott in seinem Grunde *absolutes Nichts* sei und dass dieses *absolute Nichts* zugleich Grund der Seele selbst sei« (S. 484), dagegen hat »das schlechthinnige absolute Nichts des Zen … als solches eine vom *Gott ist Nichts* verschiedene Stimmung. Schon vom Fundament des Mahâyâna-Buddhismus, der die Basis von Zen ist, ist das Nichts keine Steigerung der Substanzialität, sondern im Gegenteil die totale Auflösung der Substanzialität in Leere« (S. 486 f.).

Die Leere entsteht fern aller Erlebnisse und Eindrücke, aller Vorläufigkeiten. Die Leerheit von allem Vergänglichen gleicht der Durchsichtigkeit des Diamanten, von welcher der Mahâyâna-Lehrer Nagarjuna spricht, der Lehrer, der den buddhistischen Tantrismus eingeleitet hat. In der Meditation, die alle äußerlichen Einflüsse ausschaltet, ereignet sich das Bewusstsein der absoluten Leere.

Auch schon bei Laotse und dessen Tao Te King ist von der Gestaltlosigkeit die Rede. Der Taoist sucht die Leere, er muss sich von sich selbst reinigen, sich von Leidenschaften und Gedanken befreien.

Zeit zum Hören

In der Wüste scheint die Zeit stillzustehen. Vor den Augen liegen immer die gleichen Sanddünen, endlos. Auch nach stundenlanger Fahrt hast du den Eindruck, nicht vorangekommen zu sein. Wo sonst an jeder Seite des Weges und nach wenigen Schritten Neues sich auftut, an dem das Auge sich festhält, reihen sich hier die immer gleichen Eindrücke aneinander.

Und es kommt der wunderbare Augenblick, in dem die Augen sich völlig entspannt diesem Gleichmaß hingeben, sich auf den Dingen ausruhen. Du kannst stehen bleiben und um dich blicken: rundum die gleichen Formen. Gestern, heute, morgen scheinen keine Rolle mehr zu spielen. Wenn du diese Zeitlosigkeit erfährst, spürst du, wie sehr unser ganzes Leben auf Wechsel angelegt ist. Wir rennen von einer Erfahrung zur anderen. Wir sind erfahrungshungrig. Wir haben ständig ein Ziel vor Augen, auf das wir zuhasten. Kaum ist ein Ziel erreicht, wird der Blick auf ein anderes gerichtet. Wir sind unzufrieden mit dem Erreichten. Wir fühlen uns eingebunden in den wechselnden Strom der Zeit und können nicht aussteigen.

Die Zeitlosigkeit der Wüste, das bewusste Sich-Entfernen aus der Hetze der Zeit, ist die Chance, sich nicht ablenken zu lassen vom Wechsel. Wenn nicht mehr die Hetze vom einen zum anderen die Aufmerksamkeit bindet, wirst du fähig, dich nach innen zu wenden. Die Kargheit der äußeren Eindrücke gibt Gelegenheit, dich in Geduld und Hoffnung zu üben.

Im Lärm der wuchernden Botschaften, die täglich und stündlich an unsre Ohren drängen, die aus den Kopfhörern, Fernsehapparaten und Lautsprechern dröhnen, die wir uns aus dem Internet und scheinbar unerschöpflichen Datenbanken herunterladen, gehen die leisen, die einfacheren Botschaften verloren. Jede Band, ja sogar beinahe jede Volksmusikgruppe benutzt Verstärker, um sich, wie es heißt, verständlich zu machen. Die Gespräche verstummen, die laute Musik hat den Raum, hat unsere Ohren erobert.

Die Wüste fordert dazu heraus, diesen Alltagslärm abzustellen. Er wäre hinderlich auf dem Weg zu sich selbst, den der eingeschlagen hat, der sich zum Wüstengang entschlossen hat.

Der Kirchenvater Gregor von Nyssa sagt:

»Wer in sich selber schaut, sieht in sich das Ersehnte.« Dazu ist es nötig, aus dem Jetzt herauszugehen. Nur wer wenigstens für Augenblicke das hektische Jetzt verlässt, kann den Eingang zum Hineinschauen in sich finden.

Mose wuchs zu sich selbst, als er sich in der Wüste aufhielt, und so vermochte er es, sein Volk aus der Wüste herauszuführen. Die Wüste lehrt uns, auf das Schweigen zu hören. Wer in der Welt der fordernden, anspornenden Geräusche leben muss, braucht die Minuten des Schweigens, um nicht unterzugehen in den Strudeln des Getöses.

Das Innehalten in der Wüste ist Zeichen für die Notwendigkeit, still zu werden.

Kein Motorenlärm zerreißt das immer gleiche Dasein von Luft, Licht und Sand. Stille geworden, vernimmst du das Wehen des Windes, die Bewegungen des Sandes.

Wer still geworden ist, wird hellhörig für das Leise. Wer sich in die Wüste zurückzieht, kann sich selber vernehmen. Der französische Dichter Saint-Exupéry sagt in seinem Buch »Die Stadt in der Wüste«: »Ich brauche dir nur eine einzige Durchquerung der Wüste aufzuerlegen, damit der Mensch in dir zum Vorschein kommt wie ein Samenkorn, das aus seiner Hülse bricht, und damit sich dir Geist und Herz entfalten.«

Ein Stück Wüste
in das eigene Leben tragen

Es geht natürlich nicht darum, sich wirklich und tatsächlich in die Wüste zu begeben. Für viele wäre das eine besondere Art von Luxus! Es handelt sich darum, ein Stück Wüste in das eigene Leben hineinzutragen. Das heißt, sich zurückzuziehen, sich zu lösen von den Dingen und den Menschen. Nur so können wir geistig gesund bleiben. In die Wüste gehen meint, sich in einem Zimmer einschließen, allein in einer leeren Kirche sein, sich eine Andachtsecke errichten, wo man den persönlichen Kontakt mit Gott pflegen, wo man Frieden finden kann.

In die Wüste gehen bedeutet, von Zeit zu Zeit einen ganzen Tag dem Gebet widmen, auf einen einsamen Berg steigen, nachts aufstehen, um zu beten.

Letztlich bedeutet es nichts anderes, als Gott zu gehorchen. Schließlich gibt es ein Gebot, von vielen vergessen, die sich dem Dienst in der Kirche widmen, vergessen selbst von Priestern und auch von Bischöfen!, das anordnet, die Arbeit zu unterbrechen, sich von den Verpflichtungen zu lösen und sich ganz der wohltuenden Untätigkeit einer Betrachtung hinzugeben.

Man braucht nicht zu fürchten, dass die anderen Schaden nehmen, wenn man sich von Zeit zu Zeit zurückzieht. Unsere Liebe zum Nächsten wird nicht abnehmen, wenn wir versuchen, unsere persönliche Liebe zu Gott zum Wachsen zu bringen. Es wird sogar recht vorteilhaft sein für die Entfaltung jener Liebe!

Wir müssen uns eins vor Augen halten: Unsere Liebe zu den Mitmenschen, die Hingabe an sie, die uns aufgetragen ist, die demütige Hinwendung zum Armen mit seinen Problemen: das alles ist sehr fordernd und beanspruchend. Man kann es nur leisten, wenn man mit einer starken und sehr persönlichen Liebe dem Herrgott verbunden ist. Nur dann bleibt unsere Liebe zum Nächsten ursprünglich und immer neu.

Es entspricht der Natur des Menschen, diese beiden Weisen der Liebe nicht zu trennen, sie vielmehr in einer ausgewogenen Dialektik zusammenzuhalten.[2]

CARLO CARRETTO

Aus der Stille leben

Hinausgehen, den Platz, an dem wir in der Wüste das Auto geparkt haben, verlassen, das Zelt, das wir für die Nacht aufgebaut haben.

Alleine gehen, um nicht gestört zu werden beim Gang zu der nächstgelegenen höheren Düne. Langsame Schritte machen, beim Aufstieg auf die Düne dem abfließenden Sand zusehen. Sich hinsetzen und schauen, nur schauen.

Eine nie vorher so wahrgenommene Stille umgibt dich. Du hörst das Blut in dir kreisen, die Stille ist gleichsam dröhnend da. Du verstehst, dass jeder Ton der Musik aus der Stille kommt, dass der Komponist, die Musiker jeden Ton aus der Stille schaffen.

Jetzt: dem Herzschlag nachhören, die Augen schließen und sich nicht beklemmend, sondern geöffnet als Teil eines unendlichen, nicht bedrohenden Universums zu fühlen.

Warum haben Menschen immer wieder die Stille gesucht, die Stille der Klöster, die Stille einer Dorfkirche, in die am Nachmittag niemand kommt, der stören, ablenken könnte. Stille als Fluchtraum, als Möglichkeit, zu sich zu kommen.

Nicht allein das Abschalten ist gemeint, sondern zugleich das Sich-Öffnen in eine neue Wirklichkeit.

In der extremsten Form haben die Stille die Mönchsorden abverlangt, die ihren Mitgliedern das dauernde Schweigen verordneten. Ein Zen-Meister hat gesagt, nicht das Rezitieren von Sutras, nicht ein besonderes Ritual

oder sonst eine Handlung, sondern das schweigende
Zazen-Sitzen, das schweigende, meditierende Sitzen sei
entscheidend.

Halte dich aus

Halte dich aus, du wirst erfahren, wie alles, was sich in solcher Stille meldet, umfasst ist von einer namenlosen Ferne, wie durchweht von etwas, das wie Leere erscheint. Nenne es noch nicht Gott! Es ist nur das, was auf Gott verweist und uns in seiner Namenlosigkeit und Grenzenlosigkeit ahnen lässt, dass Gott etwas anderes ist als noch ein Ding mehr, denen hinzugefügt, mit denen wir es sonst zu tun haben. Es lässt uns Gottes Anwesenheit innewerden, wenn wir stille sind und nicht vor dem Unheimlichen, das in der Stille west und waltet, erschreckt fliehen.[3]

KARL RAHNER

Schönheit der Wüste

Die einzigartigen Formen der Wüste, die windgeborenen, gerundeten Sanddünen, die Schattentäler am Abend oder vor der aufgehenden Sonne am Morgen die Spuren der Tiere im Sand, die Riffelungen des Sandes, die der Wind in wunderbarer Vollendung und Gleichmäßigkeit hat entstehen lassen, sie sind von besonderer, unverwechselbarer Schönheit.

Vielleicht rückt die Schönheit der Wüste so augenfällig in den Blick, weil nur wenige Formen entstehen, weil diese Formen sich zwar gleichen, aber immer auch einer winzigen, stetigen Wandlung unterliegen. Dies gilt für die Kammlinie einer Düne, über die der Wind die Sandkörner treibt, dies gilt für den einzeln stehenden Grashalm, das Grasbüschel, das wie ein von Menschenhand gepflanztes Kunstwerk den Betrachter überrascht.

Die einfachen, vollendeten Formen, die Rundungen oder Sandabgleitungen der Dünen, die Horizontlinien, sie sind gleichsam Reduktionen, führen Möglichkeiten auf eindeutige Formen zurück. Während man im Hochgebirge auf die ferne sich aufbauenden Gipfel, Zacken, Täler, auf eine geradezu verwirrende Vielfalt von Erhebungen, Faltungen blickt, reduziert sich in der Wüste Vielfalt auf die fassbare Schönheit. Ist Schönheit, ist Vollkommenheit beruhigend, ausgleichend, erfüllend?, so fragt man sich. Schönheit, die alle Sinne befriedigt.

Der Japaner Soetsu Yanagi hat 1972 ein Buch veröffentlicht, das in der deutschen Ausgabe den Titel *Die Schönheit der einfachen Dinge* trägt. Für ihn ist Schönheit etwas

Geheimnisvolles, ein Mysterium, und er geht davon aus, dass man zwischen Sehen und Wissen unterscheiden müsse. Jeder könne sich bis zu einem gewissen Grad Wissen aneignen, das Potenzial des Sehens aber sei uns bei der Geburt mitgegeben worden.

Die Wüste lehrt das Sehen der einfachen Dinge. Der Blick wird nicht von vielem Unterschiedlichen abgelenkt, sondern von den klaren, einfachen Linien und Formen gefesselt.

Yanagi erzählt eine Begebenheit, die er im Buch eines Zen-Meisters gefunden hat.

Drei Leute sehen bei einem Spaziergang einen Mann auf einem Hügel stehen. Einer meinte, der Mann halte nach verloren gegangenem Vieh Ausschau. Der andere meinte, der Mann versuche einen Freund zu finden, der sich verlaufen habe, der dritte meinte, der Mann genieße einfach die sommerliche Brise. Da sich die Spaziergänger nicht einigen konnten, stiegen sie auf die Anhöhe und fragten den Mann, weshalb er auf dem Hügel stehe. Die Antwort fiel knapp und klar aus: Ich stehe einfach nur da.

Im einfachen Dastehen und Hinausschauen wird der Mensch fähig, die Schönheit der Landschaft zu sehen. Jedes absichtsvolle Blicken würde ihn nur ablenken. Eindrucksvoller als andernorts hält die Wüste im unmittelbaren und übertragenen Schauen das Erkennen der Schönheit bereit. Der Japaner Yanagi versuchte als Kriterium für Schönheit die Begriffe Ruhe, Tiefe, Schlichtheit und Reinheit heranzuziehen. Vor den Landschaften der Wüste können sich dem, der das Sehen geübt hat, diese Begriffe mit Leben füllen.

Spät habe ich dich geliebt

Spät habe ich dich geliebt, Schönheit, so alt und doch so neu, spät habe ich dich geliebt!

Siehe, du warst im Innern und ich war außen und suchte dich dort, und in meiner Missgestalt verlor ich mich in die schönen Gestalten, die du geschaffen hast. Du warst bei mir, und ich war nicht bei dir. Jene Gestalten hielten mich fern von dir, die doch nicht gewesen wären, wären sie nicht in dir gewesen. Du hast gerufen und geschrien und hast meine Taubheit durchbrochen; du funkeltest und strahltest und hast meine Blindheit verjagt. Du hast geduftet, da konnte ich Atem holen und atme nur in dir. Ich habe dich geschmeckt, nun hungre und dürste ich. Du hast mich berührt, da bin ich entbrannt – in deinen Frieden.[4]

AUGUSTINUS

In mir die Wüste

Wüste hat im allgemeinen Sprachgebrauch immer auch das Leere, das Bedrohliche, Ausgelieferte bedeutet. Ausgeliefert zu sein in einer hoffnungslosen Situation, ausgeliefert zu sein an die Elemente, das hat sich immer wieder mit dem Wort Wüste verbunden. Und so hat das Wort Wüste auch im übertragenen Sinn Eingang in das menschliche Innenleben gefunden. Fontane hat von »wüster Schicksalslaune« gesprochen. Auch das Seelenleben, die Empfindungen können verwüstet sein, verwüstet werden. In mir sieht es düster aus, mag mancher Mensch denken, der nicht mehr aus und ein weiß, der sich an Bedrohungen und Schrecknisse ausgeliefert fühlt. Ausgeliefert zu sein an eine unbarmherzige Wüste, so empfindet derjenige, dem die Bindungen zu anderen Menschen zerrissen sind, derjenige, diejenige, die enttäuscht wurden, auf die das sogenannte Schicksal hereingebrochen ist. Es kann einem wüst und angst werden.

In mir sieht es wüst aus, meine Gedanken und Empfindungen sind verwüstet, ich sehe das Ende drohend vor mir. Immer wieder befinden sich Menschen in einer solchen Situation. Sie kommen nicht mehr zurecht, nicht mit den Forderungen, die von außen an sie gestellt wurden, nicht mit sich selbst. Sie sind nicht mit sich selbst im Reinen, sie erleben die innere Wüste, die Verwüstungen als existenzielle Bedrohungen. Die Suche nach Lösungen gleicht der Suche nach einer Wasserstelle, nach einer Oase in der Sandwüste. In der Wüste kann man sich verlaufen, die Orientierung verlieren. Überall die

gleichen Sanddünen, keine Wegweiser, keine Anhaltspunkte.

Aber in allen Wüsten, auch in den inneren, brauchen
Menschen Wegweiser, Kundige, Ortskundige, die den
Weg aus der Bedrohung weisen, die wissen, in welche
Richtung man gehen muss, die wissen, in welcher Rich-
tung die Oase zu finden ist. Auch aus den seelischen
Verwüstungen können Kundige führen. Immer wieder
müssen wir an die Hand genommen werden und he-
rausgeführt werden in die Freiheit, heraus aus bedrohlichen Zwängen, aus dem Fehlverhalten, aus falschen
Versprechungen. Wer sich ganz allein in die Wüste begibt, setzt sich aus, kann sich in der Wüste verlieren,
kann die Orientierung verlieren. In jeder bedrohlichen
Situation ist die bereite Nähe eines anderen Menschen
Rettung versprechend. Der Dichter Börne hat gesagt:
»Denn ob du einsam auf einer wüsten Insel darbst, ob du
einsam im wüsten Herzen genießest, du bist nicht glück-
lich, wenn du einsam bist.«

Mein Gott, warum hast du mich verlassen? (Mt 27,46)

Es naht sich dir der Tod. Nicht das Ende des Leibes-
lebens, das Erlösung und Friede ist. Sondern der Tod, der
die letzte Tiefe, die unvorstellbare Tiefe der Zerstörung
und der Not ist. Es naht der Tod, der Entleerung, grauen-
volle Ohnmacht, zermalmende Leere ist. Wo alles
weicht, wo alles flieht, wo nichts mehr ist als eine Verlassenheit, die brennend und unsagbar tot zumal ist. Und in
dieser Nacht des Geistes und der Sinne, in dieser Leere
des Herzens, in dem alles verbrannt ist, ist deine Seele
immer noch im Gebet, wird diese grauenhafte Öde eines
im Schmerz verbrannten Herzens in dir ein einziger Ruf
zu Gott. O Gebet des Schmerzes, der Verlassenheit, der
abgründigen Ohnmacht, Gebet des verlassenen Gottes,
sei selbst angebetet. Wenn du, Jesus, so betest, in solcher
Not betest, wo ist dann noch ein Abgrund, aus dem man
nicht zu deinem Vater rufen dürfte? Wo ist eine Verzweiflung, die nicht, in deiner Verlassenheit geborgen, selbst
zum Gebet werden könnte? Wo ist ein Verstummen in
Qual, das nicht wissen müsste, dass solcher stummer
Schrei noch gehört wird mitten im Jubel des Himmels?

Um deine Not zu sagen, um das Gebet deiner grenzenlosen Verlassenheit zu beten, hast du den 22. Psalm zu
beten begonnen. Denn deine Worte »Gott, mein Gott,
warum hast du mich verlassen?« sind der erste Vers dieses uralten Klageliedes, das dein heiliger Geist selbst
einst als Schrei dem alttestamentlichen Frommen ins
Herz und auf die Lippen legte. So hast also auch du,
wenn ich wagen darf, so zu sprechen, in der ärgsten Qual

nichts beten wollen, als was schon Abertausende vor dir gebetet haben. Du hast gewissermaßen bei deiner eigenen hohen Messe, da du dich selbst darbrachtest als ewiges Opfer, selbst in schon liturgisch geprägten Worten gebetet, und in solchen Worten hast du alles sagen können. Lehr mich in den Worten deiner Kirche so zu beten, dass sie zu Worten meines Herzens werden.[5]

KARL RAHNER

Der Sandsturm

Der Wind ist eines der großen Erlebnisse in der Wüste. Wer den Wind nicht kennengelernt hat, kennt die Wüste nicht. Der Wind formt die Dünen, versetzt sie, zeichnet Muster in den Sand.

Im Sandsturm wird der Wind der Wüste zur Bedrohung. Er kann aus heiterem Himmel hervorbrechen und die Sonne verdüstern. In heftigen Schüben wirft er den aufwirbelnden Sand auf die Dünen, auf die Steine.

Der Sandsturm erfasst alles, er lässt den Sand an Gesicht und Händen haften, lässt ihn eindringen in die Kleidung und in die Kamera. Der Sand nistet zwischen den Zähnen und brennt in den Augen.

Sandstürme haben Städte begraben und alte Kulturen verschwinden lassen. Der Sand hat Burgen, Grabmäler, Häuser und Straßen bedeckt, ausgelöscht aus dem Gedächtnis der Menschen.

Im Sandsturm wird man der Allgegenwart des Wüstensandes gewahr. Er wird körperlich spürbar, nimmt den Atem. Man muss Deckung suchen. Jeder Felsen, jeder Baumstrunk ist willkommen. Oft aber muss man den Sandsturm beinahe schutzlos über sich ergehen lassen, niedergedrückt in eine Dünenseite, hoffend, er möge nicht allzu lange dauern.

Der Sandsturm ist mächtig, jeder Versuch, sich gegen ihn zu stemmen, ist sinnlos, die Füße verweigern den Dienst beim Versuch, gegen den Sturm voranzukommen. Wie winzige Geschosse treffen die unzähligen Sandkörner auf den Körper. In Minutenschnelle verdun-

kelt sich die Sicht. Die Dünenlandschaft ist eingehüllt in Schleier aus gelbbraunem Sand.

Die Gewalt des Sandsturms fordert heraus. Die Versuchung, ihm zu trotzen, ist groß. Doch die Gegengewalt würde nur zerstören. Vielleicht muss man immer wieder auch erkennen, dass dem Übermächtigen gegenüber die Gegenwehr nur Schaden anrichten würde. Der vom Sturm angegriffene Bambus beugt sich, und deswegen wird er nicht gebrochen. Nach dem Sturm kann er sich wieder aufrichten. Seine Biegsamkeit mag ein Zeichen für weises Verhalten sein. In der Wüste duckt sich die Karawane in eine Bodenwelle und wartet ab, bis der Sandsturm vorüber ist.

Der Morgen

Einzigartig war die Nacht in der Wüste, draußen in den Dünen. Du hast dem Sand zugehört, der Stille und dich nicht sattsehen können an der Tiefe des Himmels.

Einzigartig ist das Aufwachen am Morgen, wenn das erste Licht die Landschaft aus Sand wieder in den Blick bringt, wenn die Schöpfung noch einmal aus dem Ursprung sich zu entfalten scheint. Du musst in den Dünen die Nacht verbracht haben, um den Beginn des Tages als Stunde der Meditation erleben zu können. Als Stunde eines beinahe feierlichen Neubeginns und des Dankes, einer unvergleichlichen Freude.

Du ahnst im keimenden Licht die Weite der Dünen, die der Wind des Vortages geformt hat. Du horchst in die Stille hinein und erwartest beinahe ängstlich die Hitze des Tages. Carlo Carretto, ein italienischer Journalist, der 1954 in die Kongregation der Kleinen Brüder des Charles de Foucauld eingetreten ist und ein Jahrzehnt lang in der Wüste gelebt hat, sagt über den Morgen in der Wüste: »Es ist wie das Schauspiel, das die Schöpfung am Anfang darbot. Mit großer Eindringlichkeit verweist das sichtbar Geschaute auf das dahinterliegende Unsichtbare. Sand und Himmel sind verbunden, nur andeutungsweise getrennt durch die Linie des Horizonts. Die Schöpfung in ihrem Gleichnischarakter hebt neu an, ihre ganze verborgene Bedeutung tut sich mir auf.«

Der Morgen, der Anfang und Aufgang des Lichts, wurde von den Menschen immer wieder als Zeichen des

Neubeginns erlebt. Das Licht überwindet das Dunkel. Das Licht ist Hoffnung. In den Gebeten der Kirche, in vielen Gedichten wird der Morgen als Bild und Geheimnis der Hoffnung angesprochen.

Vielleicht

Einer der Aufklärer, ein sehr gelehrter Mann, der vom Berditschewer gehört hatte, suchte ihn auf, um auch mit ihm, wie er's gewohnt war, zu disputieren und seine rückständigen Beweisgründe für die Wahrheit seines Glaubens zuschanden zu machen. Als er die Stube des Zaddiks betrat, sah er ihn mit einem Buch in der Hand in begeistertem Nachdenken auf und ab gehen. Des Ankömmlings achtete er nicht. Schließlich blieb er stehen, sah ihn flüchtig an und sagte: »Vielleicht ist es aber wahr.« Der Gelehrte nahm vergebens all sein Selbstgefühl zusammen, ihm schlotterten die Knie, so furchtbar war der Zaddik anzusehen, so furchtbar sein schlichter Spruch zu hören. Rabbi Levi Jizchak aber wandte sich ihm nun völlig zu und sprach ihn gelassen an: »Mein Sohn, die Großen der Thora, mit denen du gestritten hast, haben ihre Worte an dich verschwendet, du hast, als du gingst, drüber gelacht. Sie haben dir Gott und sein Reich nicht auf den Tisch legen können, und auch ich kann es nicht. Aber, mein Sohn, bedenke, vielleicht ist es wahr.« Der Aufklärer bot seine innerste Kraft zur Entgegnung auf; aber dieses furchtbare »Vielleicht«, das ihm da Mal um Mal entgegenscholl, brach seinen Widerstand.[6]

MARTIN BUBER

Spuren der Nacht

Nur am Morgen, ehe der Wind sie wieder im Sand verschüttet, kannst du die Spuren des nächtlichen Wüstenlebens entdecken. Spuren von Tieren, die sich in der Kühle hervorgewagt haben, die Dünen überquerten, die Nahrung suchten, einander jagten. Kriechtiere, Schlangen, Salamander, Insekten. Spuren im Sand, Zeichen, die verweht werden. Das Leben, unser Leben, hinterlässt nur auslöschbare Zeichen. Im Sand dieser Erde gibt es keine unauslöschbaren Eindrücke. Unser Leben: eine Spur im Sand.

Vor den Unendlichkeiten der Schöpfung, vor der Ewigkeit der Schöpfung sind wir nicht mehr als winzige, verwischbare Eindrücke in einem veränderbaren Element. Die Zeit, das Morgen, sie werden über uns hingehen. Sie werden nichts bewahren von dem, was wir heute für wichtig erachten.

Die Spuren im Sand: Zeichen der Vergänglichkeit allen Lebens. Spuren kreuzen sich, begegnen sich. Tiere sind sich begegnet. Du hast sie in der Nacht nicht bemerkt. Sie haben sich dem Schlafplatz genähert, sind wieder umgekehrt. Du warst und bist von Leben umgeben, ohne dieses Leben immer sehen zu können.

Und plötzlich weißt du: Auch hier gehen Leben und Sterben weiter, aber Leben und Sterben sind vergängliche Augenblicke. Wer nicht über das Leben und Sterben hinaussieht, wird zugeschüttet werden.

Dass das Schöne und Berückende

Dass das Schöne und das Berückende
Nur ein Hauch und Schauer sei,
Dass das Köstliche, Entzückende,
Holde ohne Dauer sei:
Wolke, Blume, Seifenblase,
Feuerwerk und Kinderlachen,
Frauenblick im Spiegelglase
Und viel andre wunderbare Sachen,
Dass sie, kaum entdeckt, vergehen,
Nur von Augenblickes Dauer,
Nur ein Duft und Windeswehen,
Ach, wir wissen es mit Trauer,
Und das Dauerhafte, Starre
Ist uns nicht so innig teuer:
Edelstein mit kühlem Feuer,
Glänzend schwere Goldesbarre;
Selbst die Sterne, nicht zu zählen,
Bleiben fern und fremd, sie gleichen
Uns Vergänglichen nicht, erreichen
Nicht das Innerste der Seelen.
Nein, es scheint das innigst Schöne,
Liebenswerte dem Verderben
Zugeneigt, stets nah dem Sterben,
Und das Köstlichste: die Töne
Der Musik, die im Entstehen
Schon enteilen, schon vergehen,
Sind nur Wehen, Strömen, Jagen
Und umweht von leiser Trauer,

Denn auch nicht auf Herzschlags Dauer
Lassen sie sich halten, bannen;
Ton um Ton, kaum angeschlagen,
Schwindet schon und rinnt von dannen.
So ist unser Herz dem Flüchtigen,
Ist dem Fließenden, dem Leben
Treu und brüderlich ergeben,
Nicht dem Festen, Dauertüchtigen.
Bald ermüdet uns das Bleibende,
Fels und Sternwelt und Juwelen,
Uns in ewigem Wandel treibende
Wind- und Seifenblasenseelen,
Zeitvermählte, Dauerlose,
Denen eines Vogels Werben,
Eines Wolkenspieles Sterben,
Schneegeflimmer, Regenbogen,
Falter, schon hinweggeflogen,
Denen eines Lachens Läuten,
Das uns im Vorübergehen
Kaum gestreift, ein Fest bedeuten
Oder wehtun kann. Wir lieben,
Was uns gleich ist, und verstehen,
Was der Wind in Sand geschrieben.[7]

HERMANN HESSE

Wüste: Ort der Versuchung

Eine der eindrucksvollsten Szenen des Neuen Testaments ist die Erzählung von der Versuchung Jesu in der Wüste. Kaum hatte sich Jesus an den Jordan begeben, um sich von Johannes taufen zu lassen, kaum war Jesus getauft und aus dem Wasser gestiegen, so berichtet der Evangelist Matthäus, öffnete sich der Himmel, der Geist Gottes kam in Gestalt einer Taube auf ihn herab, und eine Stimme aus dem Himmel sprach: »Dieser ist mein geliebter Sohn, an dem ich Gefallen habe.«

Doch der Evangelist lässt die beinahe idyllische Taufszene und das Zeugnis des Vaters nicht stehen, sondern erzählt im nächsten Vers von der Versuchung Jesu:

Der Geist führt Jesus in die Wüste. Dort soll er vom Teufel in Versuchung geführt werden. Jesus wird vierzig Tage in der Wüste verbringen, so, wie das Volk Israel vierzig Jahre in der Wüste verbringen musste. Jesus erfährt ähnliche Versuchungen wie das Volk Israel unter Mose. Auch Jesus muss wie Mose vierzig Tage und Nächte fasten, er erfährt sich als wahrer Mensch im tiefsten Ausgesetztsein.

Weil er alle Qual, die der Mensch in der Wüste erleiden kann, erlebt – die sengende Hitze, den Durst und Hunger – ist er in allem dem Menschen schon zu Beginn seines öffentlichen Wirkens gleich geworden. Weil er nach der Qual des Fastens hungerte, trat der Versucher an ihn heran und wollte von ihm das Wunder der Verwandlung von Steinen in Brot sehen. Der Evangelist schildert die dreimalige Versuchung in eindringlich knappen Worten,

in einer großartigen Dramatik, auf deren Höhepunkt der Versucher Jesus auf einen hohen Berg führt und ihm alle Reiche der Welt zeigt, die ihm zu eigen sein könnten, wenn er nur niederfiele und den Satan anbete. Das Wort Jesu: »Vor dem Herrn, deinem Gott, sollst du dich niederwerfen und ihm alleine dienen«, vertreibt schließlich den Versucher. Auch Mose hat alle Reiche der Welt von einem hohen Berg aus gesehen. Für Jesus wie für Mose wird die Wüste zur Erprobung.

In der flirrenden Hitze erscheinen Trugbilder, man glaubt schimmernde Wasserflächen am Horizont zu sehen. Wenn man den Trugbildern folgt, wird man in die Irre gehen, von der Wüste verschluckt werden, hineingelockt werden ins Weglose der schier unendlich sich hinziehenden Sanddünen, über die der Wind den Flugsand treibt, oder hinein in die Steinwüste, in der man keinen Anhalt findet. Die Steinbrocken sind wie hingesät, die ausgedörrten Steinhöhenzüge sehen alle gleich aus.

Wer den Versuchungen und Täuschungen, welche die Wüste bereithält, nachgibt, ist verloren. Aus der Wüste der Zweifel, der falschen Verlockungen heraus, führt die Glaubenserfahrung, führt das Vertrauen in die Führung durch den Herrn, der sich auch Mose anvertraut hatte und mit deren Hilfe er sein Volk führen konnte.

Zeichen ferner Zeiten

Felsblöcke in der Wüste. Jahrtausendelang der Sonne und den Sandstürmen ausgesetzt. Steine, mit Zeichen versehen, die Nachricht aus einer Zeit geben, die uns nichts als diese Einritzungen überliefert hat. Zeichen aus einer Zeit, aus der uns nichts geblieben ist als diese Abbilder einer vergangenen Tier- und Menschenwirklichkeit, einer unvorstellbar lang zurückliegenden Kultur.

Menschen waren hier, haben in die Wüstenfelsen ihre Geschichten, Erlebnisse und Träume geritzt. Abbildungen von Tieren, auf Umrisse reduzierte Formen. Hinweise auf eine Frühzeit, in der Tiere und Menschen magisch miteinander verbunden waren. Botschaften aus einer anderswie nicht mehr erreichbaren Vergangenheit. Zeichen im Stein, wie für die Ewigkeit eingeschrieben. Zeichen, die unsere Zeit mit der Zeit der vor Jahrtausenden lebenden Menschen zu verbinden scheinen.

In der Hochebene des Tassili in Südalgerien entdeckte 1933 ein französischer Offizier die eindrucksvollsten Felsmalereien, die je gefunden worden waren. Es waren Tierzeichnungen, die in der Mitte der Fünfzigerjahre des 20. Jahrhunderts von der Forschung vier Perioden zugeordnet wurden. Die Felsgravuren, die Felsmalereien führen Jahrtausende zurück in geschichtslose Epochen, sprachlose Zeitalter. Die ältesten Tiergravuren sind knapp zehntausend Jahre alt. Und die Versuche, genau zu datieren, sind meist vergeblich, zwischen den verschiedenen Epochen und Zeichnungsschichten klaffen oft Jahrhunderte.

Die Zeichnungen und Gravuren sind für uns kaum lesbare Zeichen, die wohl immer magische Zusammenhänge andeuten. Die Wüste lässt die Zeit und die Zeiten zusammenschrumpfen, in ihr erfährt man Zeitlosigkeit. Die Tage sind eigentlich nicht mehr zu zählen, nur der Wechsel von Tag und Nacht, von Licht und Dunkel, liefert Anhaltspunkte. Aber nach jedem Tag, jeder Nacht können unzählig gleiche kommen oder in unendlich ferne Zeiten zurückreichen.

Wir haben uns daran gewöhnt, in Zeiteinheiten zu denken, zu leben. Unsere Arbeitszeiten sind eingeteilt, unsere freie Zeit wird gemessen. Flugzeuge, Züge brauchen Zeitpläne, einen vorgegebenen Rhythmus. Wir messen unsere Aufgaben in Zeiteinheiten, und diese werden uns durch Pläne, die wir nicht einmal selbst gemacht haben müssen, vorgeschrieben. In der Wüste bedeuten all diese Vorgaben nichts mehr. In der Zeitlosigkeit scheint die Erde, scheint die den Wüstenwanderer umgebende Welt in einen Urzustand zurückzukehren.

Die nicht geschlagene Trommel

In mir erklingt
die nicht geschlagene Trommel der Ewigkeit.
Gottes Tanz ist ohne Hände und Füße.
Ohne Finger wird Gottes Harfe gespielt.
Seine Melodie wird ohne Ohr gehört.
Er selbst ist das Ohr,
er selbst hört zu.

KABIR
(indischer Mystiker, 1440–1515)

Nähe des Todes

Hier kannst du nicht leben. Die Wüste bedroht das Leben, auch heute noch. Hier kannst du nicht leben. Alles scheint sich dir entgegenzustellen, deinem Leben, deinen Plänen. Du kannst nicht mehr gehen, wie du es gewohnt bist. Deine Schritte werden langsamer, eingeengter. Jeder Schritt in der Glut kostet Kraft, schwächt. Der Weg hinauf auf die Sanddüne erschöpft, wird zur Herausforderung, die du kaum bewältigen kannst. Nach wenigen Schritten musst du stehen bleiben. Der Schweiß bricht aus, oder du hast das Gefühl zu vertrocknen. Die Zunge beginnt zu kleben, die Lippen springen. Warum noch weitergehen, warum die Mühsal des Weges auf mich nehmen? So fragst du. Wäre es nicht besser, stehen, liegen zu bleiben, einfach nichts mehr zu tun? Dich nicht mehr zu wehren?

Der Atem geht schwer, dein Kreislauf hält die Belastung nicht mehr aus, die Füße graben sich in den abrutschenden Sand. Hier kannst du nicht leben. Aber du kannst an die Grenze gelangen, an die Grenze des Lebens, an deine eigene Grenze. Wer sich zu weit vorwagt in die Endlosigkeit von Sand, Hitze und Leere, setzt sich der Möglichkeit des Todes aus. Das Leben ist dem Zugriff der tötenden Sonne beinahe schutzlos ausgeliefert. Glut verdorrt die kaum merkbaren Versuche aufzuwachsen, zu überleben.

Jedes Leben ist in der Wüste vom Ende bedroht. Leben ist schwer, ein Sich-gegen-den-Tod-Stemmen. Es wird abgebrochen, erniedrigt, ausgedörrt. Der Sand bedeckt die Reste von Vegetation, verweht jede Spur.

Sterblicher, denk ans Sterben!

Wenn die Morgenstunde kommt, so rechne darauf, dass du vielleicht die Abendstunde nicht mehr erleben wirst. Und wenn die Abendstunde da ist, so wage es nicht, dir noch die Morgenstunde zu versprechen. So sei denn immer bereitet und lebe so, dass dich der Tod nie unbereitet finden, nie überraschen kann. Es sterben doch so viele, ehe sie es vermuten und recht ungefragt dahin. Der Menschensohn kommt auch in diesem Sinn zur Stunde, wo man es nicht glaubt. Wenn deine letzte Stunde da ist, dann wirst du dein vergangenes Leben in einem ganz andern Licht sehen, und es wird dir dein Herz zerreißen, dass du im Guten so nachlässig und lau gewesen bist.

Wie selig und klug ist doch der Mensch, der keine andere Sorge kennt, als so zu leben, wie er im Tod wünschen wird, gelebt zu haben![8]

THOMAS VON KEMPEN

Die Stunde, in der alles erstirbt

Die trockene Luft beginnt in der glühenden Sonne in Wellen zu tanzen. Die Gedanken scheinen auszudörren. Die Luft spiegelt den Augen und dem Hirn das Falsche, das Ersehnte vor. Wasser scheint am Horizont Erfrischung zu versprechen, wo doch nur die Hitze über dem Sand brodelt.

In der Wüste gelangst du rasch an die Grenze der eigenen Fähigkeiten und Möglichkeiten. Die Wüste wirft zurück auf das Ende, auf die Begrenztheit jeden Lebens.

Mittag in der Wüste: Die senkrecht stehende Sonne hat die Schatten aufgefressen. Es ist die Stunde, in der alles erstirbt. Klarheit, die tötet. Schleier der Hitze, die unfähig machen zum Handeln. In der klaren, weißen Glut des Mittags wird das Ausgesetztsein zur elementaren Erfahrung.

Jede Bewegung kostet unendliche Kraft. Der Sand röstet die Luft. Es gibt keinen Schatten. Nirgendwo kannst du dich verstecken, dich schützen lassen. Nur wenige Stunden Fußmarsch würden den Tod bedeuten.

Du kannst keiner Spur trauen. Jede kann, wird in die Irre führen.

Nach einer Stunde hat der Körper mehr als einen Liter salzhaltigen Wassers ausgeschwitzt. Am Nachmittag hätte er schon elf bis sechzehn Pfund an Gewicht verloren. Wer sich bis zum Abend ungeschützt der Hitze aussetzte, würde die Nacht nicht erleben. Wüste ist ein Wort für einen Zustand. Sie lässt erkennen, wie gefährdet unser Dasein ist.

Sven Hedin hat gesagt: »Jeder braucht etwas Wüste.« Wüste wirft uns auf uns selbst zurück. Sie lässt den Menschen zu sich kommen, aber das Zu-sich-Kommen ist zuerst ein Ausgesetztwerden.

Drückende Hitze

Rot glühender Sonnenball füllt Himmel und Erde aus,
Feurige Wolken türmen sich auf zu Gebirgen;
Gräser und Bäume sind verschrumpelt und versengt,
Flüsse und Marschen sind gänzlich ausgetrocknet.
Zu schwer wird mir das Gewand aus luftiger Seide,
Unter dichtem Laub mangelt es mir noch an Schatten.
Meiner Liegematte vermag ich mich kaum zu nähern,
Die Leinenwäsche muss dreimal täglich man waschen.
Da schweift mein Sinn im Bereiche jenseits der Welt,
In die große Leere der völligen All-Einsamkeit,
Ein kräftiger Wind kommt aus unermesslicher Ferne,
Ein unendlicher Strom wäscht mich von allen
   Unbilden rein.
Nun sehe ich: Der Körper bringt uns das Leiden,
Erst jetzt weiß ich: Mein Geist war noch nicht erwacht –
Ich trat urplötzlich in das Tor zum Nirvana ein,
Da ist nur noch kühle, klare Seligkeit.[9]

WANG WEI
(Chinesischer Dichter, 699–761)

Gegenwart des Todes im Leben

Ein totes Kamel im Sand, eine tote Ziege, aufgefressen von der Sonne. Ein aufgerissener Mund, skelettiertes Gebiss. Weiße Knochen im schmerzenden Licht. Die Wüste ist ein Ort des Todes. Jeder, der sich ohne Schutz ihr ausliefert, wird untergehen. Die Wüste erinnert daran, dass winzige Klimaveränderungen das Leben ganzer Länder verändern können. Der Weg in die Wüste, weg von den lärmenden Zufälligkeiten des Alltags, führt uns zurück auf unsere Sterblichkeit. Zu unserem Leben gehört das An-den-Tod-Denken. Wir müssen versuchen, die Gegenwart des Todes im Leben zu erkennen. In jeder Krise ist der Tod gegenwärtig. Wir sind auf dem Weg zu ihm.

Die Wüste gibt Gelegenheit, an die Grenze zu gelangen. Dort, wo klar ist, dass auch morgen und übermorgen jeder Versuch eines frischen und blühenden Lebens von der zerstörenden Kraft der Sonne erstickt werden kann, wächst die Chance des Mutes zur Demut.

In der schmerzenden Helle wird klar, dass alles Leben vom Tod umfangen ist. Den Tod so zu sehen, heißt: ihn annehmen, weil er zum Leben gehört. Ausgesetzt sein bedeutet: das Leben vom Ende her leben. Wüste bedeutet auch: ausgeliefert sein an eine erbarmungslose Natur. Die Natur kennt kein Erbarmen. Doch der menschgewordene Gott und nach seinem Beispiel der Mensch, sie können sich erbarmen. Gegen den Tod, gegen die Unbarmherzigkeit hat dieser Gott von Barmherzigkeit geredet.

Sterbelied

Es ist genug! Mein matter Sinn
sehnt sich dahin,
wo meine Väter schlafen.
Ich hab es endlich guten Fug,
Es ist genug!
Ich muss mir Rast verschaffen.

Ich bin ermüdt, ich hab geführt
die Tagesbürd:
Es muss einst Abend werden.
Erlös mich, Herr, spann aus
den Pflug,
Es ist genug!
Nimm von mir die Beschwerden.

Die große Last hat mich gedrückt,
ja schier erstickt,
so viele lange Jahre.
Ach lass mich finden, was ich such.
Es ist genug!
mit solcher Kreuzes Ware.

Nun gute Nacht, ihr meine Freund,
ihr meine Feind,
ihr Guten und ihr Bösen!
Euch folg die Treu, euch folg der Trug.
Es ist genug!
Mein Gott will mich auflösen.

So nimm nun, Herr! hin meine Seel,
die ich befehl
in deine Händ und Pflege.
Schreib sie ein in dein Lebensbuch.
Es ist genug!
dass ich mich schlafen lege.

Nicht besser soll es mir ergehn,
als wie geschehn
den Vätern, die erworben
durch ihren Tod des Lebens Ruch.
Es ist genug!
Es sei also gestorben![10]

ANTON ULRICH VON BRAUNSCHWEIG-WOLFENBÜTTEL

Kraft aus der Tiefe

Die Wüste ist lebensfeindlich. Wenn es trotz der Bedrohungen Leben in der Wüste gibt, so ist dieses Leben immer eine ungeheuere Anstrengung. Die Wüste lehrt, auch dem kleinsten Leben Aufmerksamkeit zuzuwenden. Jeder Halm, jedes winzige Grün wird zum Zeichen des Überlebens, der Fähigkeit, mit Wenigem auszukommen. Zeichen für die Hoffnung, dass das Leben den Tod überwinden wird.

Die Wüste lässt die Begehrlichkeit der Überflussgesellschaft verschwinden. Das Habenwollen und Habenkönnen. Wer sich dem Kargen aussetzt, es auf sich nimmt, lernt, für das Einfache dankbar zu sein.

Die Abwesenheit des grünen, blühenden Lebens schärft den Blick für die kleinen Zeichen. Das Grasbüschel, das den Tau der Nacht aus der Luft saugt, das mit feinsten Wurzeln ein wenig Feuchtigkeit aus der Sandtiefe holt, wird zum Anlass, genau hinzusehen, die Schönheit des Lebendigen inmitten einer lebensbedrohenden Umwelt zu erfahren.

In einem Wald würdest du den einzelnen Baum nicht bemerken, nicht den beinahe kahlen Busch, nicht die wenigen grünen Zweige. Der einzelne Baum in der Wüste zieht alle Blicke, alle Gedanken auf sich. Das Grün scheint dichter, lebendiger zu werden als jedes Grün, das du je gesehen hast.

Der Baum, der unbegreiflicherweise im Sand steht, grüne Blätter trägt und ein paar winzige, unscheinbare, gelbe Blüten, hat sich behauptet gegen die Bedrohung.

Immer wieder sind Zweige an ihm verdorrt, abgestorben, immer wieder hat er Kraft aus der Tiefe geholt. Einige Tropfen Tau, einige Tropfen Feuchtigkeit haben genügt, um ihn am Leben zu halten.

Wassermangel und Wind formen die Pflanzen der Wüste. Alles Wachsen ist ein Wachsen, ein Sich-Behaupten gegen die Elemente.

Saint-Exupéry hat den Baum in der Wüste zum Gleichnis genommen: »Glaubst du, die Zeder hätte dadurch Gewinn, dass sie den Wind vermiede? Der Wind peinigt sie, aber er formt sie zugleich ... Wenn dir etwas widerstrebt und dich peinigt, so lass es wachsen, es bedeutet, dass du Wurzeln schlägst und dich wandelst. Dein Leid bringt Segen, wenn es dir zur Geburt deiner selbst verhilft, denn keine Wahrheit offenbart sich dem Augenschein und lässt sich dadurch erlangen ... Wenn du selber wachsen willst, nutze dich an deinen Kämpfen ab; sie allein führen zu Gott. Dies ist der einzige Weg, den es auf Erden gibt. Und so geschieht es, dass dich dein Leid wachsen macht, wenn du es bejahst.«[11]

In der Wüste wird das Wasser zum kostbaren Schatz.

Von jedem Tropfen hängen Leben und Überleben ab. Seit Urzeiten haben Menschen in der Wüste gelernt, achtsam mit dem Wasser umzugehen.

In der Oase Timimoun wird das Wasser in einem System von Kanälen und Kanälchen geleitet und verteilt. Der Mensch ordnet den Lauf des Wassers. Er hat seit Jahrtausenden gelernt, auf traditionelle Weise dieses kostbare Wasser zu bewahren und es zu nutzen.

Wasser ist Reichtum, es macht den toten Boden lebendig. Nur dort, wo es Wasser gibt, wohin Wasser planvoll gebracht wird, kann auch gesät werden, wachsen Bäume und Gemüse. Mithilfe des Wassers macht der Mensch die

Wüste zum Garten, in dem man verweilen kann, in dem man Schatten findet, in dem man ernten kann.

Die Wasserkanäle von Timimoun sind Kunstwerke. Sie zeigen auf urtümliche und eindrucksvolle Weise, wie Menschen in uralten Kulturlandschaften die Erde bebauten, von ihr lebten und wie sie mit dem Wasser sorgsam umgingen, dem kostbarsten der Elemente.

In Ländern, in denen man einfach den Hahn aufdreht, wenn man Wasser haben will, in denen Wasser im Überfluss vorhanden ist, vergisst man leicht, dass im Verlauf der Klimaänderung in anderen Erdteilen das Wasser immer kostbarer wird, dass der Besitz von Wasser wichtiger ist als der Besitz anderer Güter. Streit und Kriege um Wasser scheinen möglich zu werden. In der Wüste und in der Oase wird man der elementaren Bedeutung des Wassers geradezu körperlich gewahr.

Angst, leg dich schlafen

Angst, leg dich schlafen. Hoffnung, zieh dich an,
du musst mit mir gehn, schnür die Schuhe fester!
Ich hielt dich lang verborgen, kleine Schwester,
schön bist du worden, und ich freu mich dran.
Wohl, auch ein Schluchzen kommt mich heimlich an,
wenn ich bedenke, dass ich dich jetzt führe
durch Nacht und Nebel zur verschlossnen Türe,
die sicher nur ein Engel öffnen kann.
Bist du ein Engel? Warte! Flieg nicht so!
In meinem Alter hat man Blei im Blute.
Bisher war Demut meine Wünschelrute,
doch vor dem Tor hier brach sie mir wie Stroh.
Und auch mein Herz, das ich hier angebracht
als Einlassklopfer, baumelt nutzlos nieder.
Mein warmes Obdach öffnet sich nicht wieder,
ich frier davor schon manche bittre Nacht.
Geh doch voran! Ich stell mich hier ins Kraut,
tu den Gefallen mir, du Scheue, Zarte!
Sag durch den Spalt dann, dass ich ewig warte
und dass es mir vor keiner Schande graut.[12]

CHRISTINE LAVANT

Gewichtlose Zeit

Warum haben in allen Jahrhunderten, seit Beginn des Christentums, Mönche Klöster in abgeschiedene Täler, in einsame Gegenden gebaut? Sie haben sich zurückgezogen und konnten in der klösterlichen Abgeschiedenheit eine andere, stillere Welt erleben, in der die Zeit scheinbar anhält, in der sie sich Gott näher fühlen konnten.

Der Ablauf der Tage oder Stunden verliert in der Wüste an Bedeutung. Die Wüste kennt keine Jahreszeiten. Ein Tag ist wie der andere.

Die Tage in den Klöstern werden durch die immer gleichen Gebetszeiten geprägt. Tag um Tag, Jahr um Jahr wissen die Mönche, wann sie aufstehen müssen, wann sie sich zum Chorgebet versammeln.

In die Stille des Tals, in das Zisterziensermönche, etwa in Sénanque, ihr Kloster gebaut haben, klingt das Glockengeläut und zeigt die Gebetszeit an, aber diese Zeitangabe hat kein Gewicht. In orthodoxen Klöstern, etwa auf dem Berg Athos, schlägt ein Mönch auf das hölzerne Symantron, um die Schläfer aufzuwecken und zum Gebet zu rufen, jeden Tag im gleichen Rhythmus, eingebunden in die gewichtlose Zeit.

Erhart Kästner, der Schriftsteller, der ein besonderes Verhältnis zu Griechenland besaß, hat in seinen Griechenlandbüchern, so in dem Buch »Ölberge, Weinberge«, die »Zeit ohne Gewicht« beschworen, die dem Wanderer entgegenkommt, wenn er in den Bereich eines Klosters eintritt. Er sagt über die Begegnung mit einem

Mönch: »Wie ein Honigstrom flossen die Stunden des Tages, des Jahres, des Lebens an seinen Ohren vorbei, wesenlos; es schien sein Anliegen wie das aller anderen Brüder zu sein, diese Stunden mit keinem Ereignis, keinem Schmerz, keiner Lust, keiner Leistung, keinem Erfolg, keiner Zeugung zu füllen. Leben, ein tiefer Sturz in abgeleugnete Zeit, dadurch gelöscht, dass man sie sieht und alles zurückhält, was sie mitführen könnte. Zeit ohne Gewicht, weil man sich weigert, irgendeine süße oder bittere Fracht auf dieses Fahrzeug zu laden.«

Man muss wie Erhart Kästner auf dem Athos gepilgert sein, um wirklich die »Zeit ohne Gewicht« erleben zu können. Stundenlang führt der Weg hinauf zu einem Kloster, wie in der Wüste brennt die Sonne herab, der Körper schreit gleichsam nach Wasser, das man dann dankbar an einer den Hang herabkommenden Quelle in tiefen Schlucken genießt, als Leben spendend empfindet. Stundenlang ist man keinem Menschen begegnet, ist allein in einer beinahe noch unberührten Natur, kann die Gedanken schweifen lassen, einfach das Problemgrübeln hintanstellen.

Wer dann aus der Anstrengung des Gehens und Steigens in den glühenden Stunden schließlich in den Bezirk eines Klosters kommt, kann im umgrenzten Raum die bezwingende Stille erfahren, eine Seelenruhe, wie sie von Mystikern beschrieben worden ist, Stille, die das Herz, die Seele, auftut, weit macht. Und dann der Aufstieg zum Gipfel des Athos, für den man noch einmal bis an die Grenze seiner Kräfte kommen wird, in einer besonderen Prüfung herausgefordert wird. Oben angelangt, über der Baumgrenze, ist in die Stille des Abends auch der Himmel einbezogen. Man muss sich wie in der Wüste aus den Verhaftungen lösen, um am Ende eines beschwerlichen Aufstiegs eine unvergleichliche Nacht zu erleben, in der das Mondlicht den Schatten des Athosgipfels als riesiges Dreieck über das hingeflachte Meer wirft und Gedanken und Gefühle wie in die unergründliche Tiefe des Seins eintauchen können.

Nur wer schweigt, hört

Nur wer schweigt, hört. Und nur das Unsichtbare ist durchsichtig. Hier allerdings ist ein tieferes Schweigen erfordert, als es die bloße Enthaltung von Wort und Äußerung ist. Es gibt auch ein inneres Wort; und auch dieses muss verstummen, damit die Dinge zu Wort gelangen können. Doch »tötet« der in Wahrheit Hörende sich nicht ab zu widernatürlicher und widergeistiger Stummheit. Und sein Schweigen ist keineswegs leere und tote Lautlosigkeit. In tiefem Schweigen ist nicht nur Hören, sondern auch Antwort. Was der wahre Hörer sich verbietet, ist einzig dieses: die selbsteigene Sonnenhaftigkeit des die Sonne erblickenden Auges zu trüben, der dem Seienden in innerster Gleichartigkeit entsprechenden Antwortkraft der Seele ins Wort zu fallen.

Dem also schweigenden Hörer aber, ihm allein, erschließt sich die Welt; und je schweigender er lauscht, desto reiner vermag er die Wirklichkeit zu gewahren.

Weil »Vernunft« nichts anderes ist als die Kraft, Wirklichkeit zu »vernehmen«, darum stammt alle vernünftige, sinnvolle, gesunde, klare, herzbewegende Rede aus hörendem Schweigen. Es bedarf also alles Reden der Eingründung in die mütterliche Tiefe des Schweigens. Sonst ist das Wort herkunftslos; es wird Geschwätz, Lärm, Betrug.

Der Herzbereich menschlichen Seins, der bebaute Acker von Wort und Sprache, grenzt also, rechts wie links, an die Wortlosigkeit: an das Verstummen der unmündigen Kreatur, das Verstummen des Mystikers.

Nach unten aber, in die Tiefe, treibt die Rede ihre Wurzeln ins nährende Erdreich des Schweigens.

Eine bestimmte Gestalt des Nicht-Schweigens ist seit je verstanden worden als ein Geschwister der Verzweiflung: die *verbositas*, das Gerede, das Geschwätz, die unstillbare Betriebsamkeit des bloßen Wortemachens. Wenn aber solcherart Gerede, dem man wahrhaftig allüberall in den Werkstätten und auf dem Markte, und zwar wie einer ständigen Versuchung, begegnet, wenn solches taub machende, buchstäblich auf die Vereitelung von Hören erpichte Gerede verknüpft zu sein scheint mit Hoffnungslosigkeit, sollte dann nicht, so ist zu fragen, sollte nicht im Schweigen, im hörenden Schweigen notwendig ein Tröpflein Hoffnung sein? Wer nämlich vermöchte schweigend aufzumerken auf die Sprache der Dinge, wenn er sich von solchem Gewahrwerden der Wahrheit nicht etwas erwartete? Und könnte nicht in einer neu zu begründenden Schweige-Disziplin eine Chance liegen, nicht bloß die Sterilität des alltäglichen Geredes zu überwinden, sondern auch sein Geschwister, die Hoffnungslosigkeit, wenn auch vielleicht zunächst nur insoweit, dass wir das wahre Gesicht dieser Verschwisterung erkannten? Ich weiß, es kommen hier noch ganz andere, menschlicher Verfügung entrückte Kräfte ins Spiel; und vielleicht muss der circulus an einer anderen Stelle durchbrochen werden. Dennoch darf man fragen, ob nicht die »schnelle strenge Resolution«, zu schweigen, zugleich eine Art Einübung in der Hoffnung sollte sein können?[13]

JOSEF PIEPER

Die Oase

Die Zeit hat scheinbar ihre Bedeutung verloren in der Wüste. Jeder Schritt entdeckt immer wieder Gleiches. Dann aber taucht Grün auf. Ein paar spärliche Pflanzen. Hier muss Wasser sein. Wo Grundwasser an die Oberfläche tritt, an Talausgängen, dort, wo unter dem Sand Fels liegt, wachsen Pflanzen, Palmen. Die Wüste lebt mit einem Mal. Die Gleichförmigkeit hat den Blick geschärft für das Einfache. Du bist dankbar für das geringste Grün. Plötzlich nimmst du jeden Zweig, jede Pflanze genau wahr. Die Leere und Hitze der Wüste sind Voraussetzung, um das Geschenk des Wassers und des Lebens erfahren zu können. Du musst gedürstet haben, um die Klarheit des Wassers in den Händen begreifen zu können.

Und Saint-Exupéry sagt: »Ich werde dich in der Wüste verdursten lassen, damit dich die Brunnen entzücken … Hernach werde ich sagen: Der Mann, den die Mittagssonne ausgedörrt hat, möge im Schweigen der göttlichen Brunnen seinen Durst löschen und so wirst du an Gott glauben.«[14]

Die kleine Oase, die Ansammlung einiger Palmen, die Gegenwart der Brunnen, sind die Verheißung des Lebens. Nach der Erschöpfung, nach dem Beinahe-Aufgeben: die Erfahrung des Wassers, die Begegnung mit Lebewesen, mit Menschen. Der Schutz des Lebendigen ist da. Alles ist geschenkt, nichts selbstverständlich.

Das Wasser, die Pflanzen, die Stimmen der Tiere und Menschen. Wo Wasser ist, kann Leben wieder beginnen. Und so hat das Wasser in den verschiedenen Religionen einen besonderen Platz. Es wird zum »Wasser der Gnade«, zum »Tau der Gerechtigkeit«, es reinigt und wird die »Quelle des Lebens« genannt.

In der Oase gedeihen Pflanzen. In niedrigem Wuchs einige Tomaten. Der Beduine, der dir ein paar der glänzenden Früchte anbietet, macht dir ein Geschenk. Jede Frucht ist kostbar. Du hältst sie lange in der Hand, ehe du sie kostest. Sie schmeckt, als würdest du zum ersten Mal eine Tomate essen. Die Frucht anzunehmen, heißt auch, dafür zu danken, dass die lebensfeindliche Erde die Frucht hat wachsen lassen, dass du angekommen bist, dass nach der Einsamkeit in der Wüste wieder Pflanzen, Tiere und Menschen da sind.

In den großen Oasen haben sich Menschen angesiedelt, sind Häuser gebaut worden, werden Tiere gehalten. Aber es gibt in der Wüste auch winzige Oasen, Trichter im Sandmeer, zwischen den sich unendlich hinziehenden Dünen. Hier gedeihen nur ein paar Palmen, dort, wo ihre Wurzeln den Weg zu dem wenigen Grundwasser finden, das sie am Leben hält. Die Menschen versuchen, den antreibenden Sand durch in den Boden gesteckte Palmwedel abzuhalten.

In einer solch winzigen Oase wird einem mehr als in einer Landschaftsoase bewusst, was es in der Wüste bedeutet, eine Pflanze zu sehen, Schutz zu finden im Schatten, in einer Stille, in der man nur das Aneinanderreiben der Palmwedel hört.

In der Oase: Augenblicke der Geborgenheit. Ein Innehalten inmitten der Ortlosigkeit. Chance des Überlebens in einer Umgebung, die Leben nur zögernd zulässt, Leben gefährdet, vernichtet. Augenblicke der Geborgenheit, in der plötzlich wieder Minuten und Tage zählen, die draußen in den Sanddünen ohne Bedeutung waren.

Der Urquell

Wohl kenn den Urquell ich
der quillt und fließet:
Obgleich's bei Nacht ist.

Der ewge Quell, der im Verborgnen fließet,
Wohl weiß ich, wo er seine Flut ergießet:
Obgleich's bei Nacht ist.

Ich weiß, dass nichts an Schön' ihm gleich zu denken,
Und dass aus ihm sich Erd und Himmel tränken,
Obgleich's bei Nacht ist.

Wohl weiß ich, dass er nicht ist zu ergründen,
Und dass sich selbst verliert, wer Grund will finden;
Obgleich's bei Nacht ist.

In ewger Klarheit rinnen seine Wellen:
Ich weiß, dass alles Licht aus ihm muss quellen;
Obgleich's bei Nacht ist.

Ich weiß, dass seine Flut so mächtig fließet,
Dass Höllen, Himmel, Völker sie begießet;
Obgleich's bei Nacht ist.

Weiß, dass er einen Strom aus sich gebäret,
Der sich ihm gleich an Füll und Macht bewähret;
Obgleich's bei Nacht ist.

Weiß, dass der Strom, der beiden gleich entquillet,
Nicht minder reich als jene beiden schwillet;
Obgleich's bei Nacht ist.

Und dieser ewge Quell, uns zu beleben,
Hat sich im Lebensbrote uns gegeben;
Obgleich's bei Nacht ist.

Hier quillt er, zu sich ladend alle Wesen,
Dass sie an ihm sich laben und genesen;
Obgleich's bei Nacht ist.

Ja, ich erblick ihn hier in diesem Brote,
Und sehn und schmachte mich nach ihm zu Tode,
Weil es bei Nacht ist. [15]

JOHANNES VOM KREUZ

Genau hinsehen und Geduld haben

Die Wüste lehrt, genau hinzusehen. Das Grasbüschel, das aus dem Sand wächst, wird zum Ereignis. Der Schatten der Halme, der über den Sand fällt, wird zum Zeichen. Das sonst Unscheinbare wird hier nicht durch das Sensationelle verdrängt.

Die kleine Blüte ist ein Symbol für das Wunder des Lebens. Das erkämpfte Leben ist stärker als der Tod. Auch wenn die Sonne alles Leben ringsum vernichtet hat, diese Blüte weckt die Hoffnung, dass das Leben den Tod überwinden kann. Sie schenkt Vertrauen auch in die eigene Kraft.

Eine Landschaft, vom Wind geformt. Jedes einzelne Sandkorn hat der Wind bewegt. Er hinterlässt weiche Formen, die das Auge beruhigen. Wer sich in die Wüste begibt, der öffnet sich für ein ruhiges und beruhigtes Schauen, das er nirgendwo sonst so erfährt. Die Muster im Sand sind nicht bizarr, sie sind nicht wirr oder maßlos, sondern von einer geheimnisvollen Ordnung. In den Windmustern der Wüste ist die Ordnung der Stille, die Ordnung des Maßes. Das solcherart von einem inneren Gesetz Vermessene nimmt den Blick ruhig gefangen.

Wer sich Zeit lässt, den so erkennbaren Ordnungen mit dem Auge zu folgen, wird im Hinschauen auch seine eigene innere Ordnung erkennen können. Die Wüste lehrt, Geduld zu haben. Wer es eilig hat, sollte nicht in die Wüste gehen. Alle Bewegungen werden langsamer, gemessener. In der Hitze des Tages lernt man, sich zurückzunehmen, mit seinen Kräften hauszuhalten. Die Ruhe

der Dünen, ihre gleichmäßigen, ausgeglichenen Formen wirken jeder Ungeduld entgegen.

Wer Geduld hat, kann warten. Wer in der Hitze schnell geht, schadet sich. Das Habenmüssen erlischt. Die Sonne hat die Begehrlichkeiten der Überflussgesellschaft ausgelöscht. Geduldig dazusitzen und zufrieden zu sein, wenn ein Beduine ein Glas Wasser anbietet, vielleicht auch eine Tasse heißen, süßen Tee. Dazusitzen und nichts tun wollen, nichts tun müssen, nichts tun können.

Die Wüste lehrt, dass man nichts an den großen Geschicken ändern kann, dass aber der geduldige, genaue Blick auf das Naheliegende, das Einfache wesentlich ist.

Sich in der Wüste bewegen

Eine Fata Morgana: Wie ein Schattenriss geht eine schwarze Figur auf dem Kamm einer Sanddüne. Aus der Ferne ist kein Gesicht zu erkennen. Wie magisch bewegt sich die Figur in der Helle des Mittags, scharf abgegrenzt gegen das Licht. Ein einzelner Beduine auf dem Weg ins Nirgendwo. Aber er weiß sicher den Weg, den er schon tausendmal gegangen ist. Fasziniert und verwundert folgen die Augen der Bewegung des geheimnisvollen Fremden. Wer zu Fuß in der Wüste geht, muss wohl in ihr geboren sein, muss mit den kleinsten, unscheinbaren Wegzeichen vertraut sein, um zur nächsten Wasserstelle, zur nächsten Oase zu finden.

Das uralte Fortbewegungsmittel in der Wüste ist das Kamel. Man muss einmal auf dem Rücken dieses Tragtieres geritten sein und wenigstens eine kurze Strecke zurückgelegt haben, um sich vorstellen zu können, wie Salzkarawanen viele Tage durch die Wüste gezogen sind, um das kostbare Gut zu den Verkaufs- und Gebrauchsstellen zu bringen. Das Kamel ist das am besten an die Bedingungen der Wüste angepasste Geschöpf. Lange Zeit kann es ohne Wasser auskommen und dann, wenn Wasser zur Verfügung steht, riesige Mengen, gleichsam auf Vorrat, in den Bauch aufnehmen. Das Kamel wurde erst um 524 n. Chr. in Nordafrika, als persische Eroberer nach Ägypten kamen, eingeführt und ist über Jahrhunderte zum Transporttier geworden. Heute locken in allen Wüsten auch mit Geländewagen befahrbare Pisten Touristen und Abenteurer. Aber trotz moderner Fahrzeuge kann die Fahrt durch die Wüste gefährlich werden.

Als wir unseren Geländewagen mieteten, sagte uns der Autohändler, er habe keine Sandbleche mehr zur Verfügung, die man, wenn sich das Fahrzeug einzugraben droht, unter die Räder platziert, um es wieder freizubekommen. Der Verleiher meinte, wir müssten uns keine Sorgen machen, denn sicher würden wir auf den festgefahrenen Pisten bleiben und nicht wie die Abenteurer über die Pisten hinweg Rennen veranstalten.

Wir vertrauten ihm und fuhren los, und dann, auf einer wenig befahrenen Piste, drehten mit einem Mal die Räder durch, alle Versuche, den Rückwärts-, dann den Vorwärtsgang einzulegen, mit dem ersten Gang langsam anzufahren, um aus dem immer weiter nachgebenden Sand herauszukommen, scheiterten.

Die Mittagssonne brannte unerträglich herab, der Blick in die Runde zeigte nur Dünen um Dünen, Dünen hinter Dünen. Die Angst wuchs, nun wirklich in der Wüste ausgesetzt zu sein. Wann würde ein Fahrzeug, ein Kamel vorbeikommen? Morgen, übermorgen? Wir hatten bewusst eine besonders einsame Gegend ausgewählt. Müsste sich einer von uns zu Fuß auf den Weg machen, um vielleicht aus einer Oase Hilfe zu holen? Aber wie sollte er wissen, in welche Richtung er gehen sollte? Die Idee wurde verworfen. Wir waren ratlos.

Die Wüste hatte uns festgehalten, eingesperrt und gleichzeitig aus der gewohnten Zivilisation entfernt. Waren wir zu leichtsinnig gewesen? Wir versuchten mit bloßen Händen den Sand neben und unter den Rädern wegzuschaffen. Vergebliche Versuche. Dann die rettende Idee. Wir holten all unsere Sakkos, Jacken, Schlafsäcke zusammen und legten sie vor die Räder, damit diese wieder greifen konnten und sich nicht mehr im Sand drehten. Die Kleidungsstücke ersetzten die Sandbleche. Und zusammen mit einem Anschub von hinten gelang es uns schließlich, den Wagen aus dem Sand zu befreien. Die Räder griffen wieder und brachten das Gefährt auf sicheren Grund.

Die Wüste hatte uns wieder gezeigt, wie machtlos wir eigentlich gegenüber ihrer Mächtigkeit sind, wie wenig unser kleines Leben in der Unendlichkeit des Sandes zählt. Die Wüste lässt sich nicht herausfordern – sie fordert heraus. Der Mensch, der ihr gegenübertritt, der sich in sie hineinwagt, ist gehalten, bescheiden, vorsichtig, nüchtern zu sein.

Der Abend

Wie der Morgen, so ist der Abend in der Wüste die kurze Zeit eines elementaren Geschehens. Keine gebaute Welt verstellt den Blick auf den Wechsel von Licht und Dunkel. Der Tag geht zu Ende. Endlich spendet der Abendwind die lang ersehnte Kühle. Die im Licht beinahe flach erscheinenden Sandlandschaften treten wieder hervor. Jetzt gewinnen die Dünen Kontur und Farbe. Tief gestaffelt erheben sie sich. Schatten modulieren ihre geheimnisvoll gleichmäßigen Formen. Eine unvergleichliche Stille breitet sich aus. Abend, das ist die Zeit der Sammlung, Zeit des Schweigens. Die Gedanken holen auf. Die Stille lässt Raum.

Nicht die lauten Lichter der Stadt verdrängen in der Wüste die Offenheit der beginnenden Nacht.

Auch der Wind schweigt jetzt. Du kannst dasitzen in der Stille und dich ganz auf dich besinnen. Die Stille ist total. Du beginnst auf den Atem, auf das Schlagen des Herzens zu hören.

Wie der Morgen, so ist auch der Abend die große Gebets- und Sammlungszeit in den Religionen. Der Abend bringt dir die Ruhe, aus der heraus erst das Sich-Öffnen geschehen kann, das notwendig ist, damit, wie der Dichter Gerhard Tersteegen sagt, »beim tiefsten Stillesein« der HERR allein reden kann.

Abend

Der schnelle Tag ist hin; die Nacht schwingt ihre Fahn
Und führt die Sternen auf. Der Menschen müde Scharen
Verlassen Feld und Werk, wo Tier und Vögel waren,
Traurt itzt die Einsamkeit. Wie ist die Zeit vertan!

Der Port naht mehr und mehr sich zu der Glieder Kahn.
Gleich wie dies Licht verfiel, so wird in wenig Jahren
Ich, du, und was man hat, und was man sieht, hinfahren.
Dies Leben kömmt mir vor als eine Rennebahn.

Lass, höchster Gott, mich doch nicht auf dem Laufplatz
    gleiten!
Lass mich nicht Ach, nicht Pracht, nicht Lust, nicht
    Angst verleiten!
Dein ewig heller Glanz sei vor und neben mir!

Lass, wenn der müde Leib entschläft, die Seele wachen,
Und wenn der letzte Tag wird mit mir Abend machen,
So reiß mich aus dem Tal der Finsternis zu Dir![16]

ANDREAS GRYPHIUS

Die Wüstennacht

Die untergehende Sonne bezieht den Himmel ein in die Stille. Sie verwandelt mit jedem Schritt ihres Untergangs die Sandlandschaft hinein in die Nacht, in der du lange wach bleiben musst, um mit offenen Augen die Unendlichkeit wahrnehmen zu können.

Denn dann beginnt auch das Auge der Seele sich zu öffnen. Vielleicht ist die Wüste in der Nacht am eindrucksvollsten. Wo Wüste und Nacht sich berühren, entsteht Schweigen. Und nur wer schweigen kann, kann hören. Dieses Schweigen ist unvergesslich. Im Schweigen der Wüstennacht begegnet einem das Geheimnis der Welt. Du kannst allein sein mit dem Unendlichen, mit Gott. Wir haben unsere Städte so erhellt und die Luft über unserem Land so verschmutzt, dass wir die Sterne nicht mehr sehen. Die Nacht in der Wüste zeichnet die Sternbilder genau. Und der Mond steht in der Unendlichkeit des Universums. In der Stille kannst du ein Gespräch beginnen mit dir selbst und mit den Sternen.

Ein Gespräch, das in unzähligen Gebeten und Texten vor Tausenden von Jahren vorgesprochen wurde, das in den heiligen Texten der Religionen begonnen und von Dichtern fortgesetzt wurde, ein Gespräch, das nie ausgeschöpft, nie zu Ende geredet ist.

Geweihte Nacht

Die Nacht hat für den Menschen ein doppeltes Antlitz. Sie ist, wie fast alle von den Mächten des menschlichen Daseins, doppelsinnig und darum zweideutig. Die Nacht kann das Unheimliche, das Finstere sein, die Zeit, da niemand wirken kann, wie Jesus in der Schrift sagt; sie wird als verwandt mit dem Tod empfunden; sie ist die Zeit des Wesenlosen, die des Unsicheren und Gefahrvollen, des Unübersichtlichen. Und darum kann auch im Feld des Religiösen die Nacht diese Symbolbedeutung haben: als Nacht gilt in der Schrift die Zeit des Unglaubens und der Sünde, die Zeit des Gerichtes und der göttlichen Heimsuchung. Darum müssen die Christen Kinder des Tages sein, müssen wie die Sterne in der Nacht leuchten, damit sie nicht vom Richter überrascht werden, der kommt wie ein Dieb in der Nacht. Darum müssen wir wachen, darum dürfen wir nicht schlafen, müssen wir vom Schlaf aufstehen und wie am Tage wandeln. Aber für das menschliche Empfinden, auch wie es sich in der Schrift ausspricht, hat die Nacht auch noch ein anderes Gesicht. Sie ist die Zeit der Stille und der gesammelten Kraft, die an sich hält, die warten kann und reifen lässt. Mitten in der Nacht ertönt der Ruf, dass der Bräutigam kommt. Die Nacht ist in der Schrift die Zeit himmlischer Träume. Weil die Nacht die Zeit der Gelöstheit von den versklavenden Eindrücken und Bindungen des äußerlichen Alltags ist, darum ist sie eine Zeit des Gebetes, sodass Jesus ganze Nächte in der Zwiesprache mit Gott verbringt. Auch die Nacht kann zärtlich als Geschöpf

Gottes empfunden werden, sodass der Psalmist (74,16) beten kann: Dein ist der Tag und Dein ist die Nacht. Und Daniel fordert (3,71) die Nacht auf, Gott zu preisen, wie ja auch nach dem Psalmisten jede Nacht die Botschaft der Herrlichkeit Gottes an die nächste weitergibt, da ja der Himmel schon im Psalm (19,3) durch die stille Größe und seine unermessliche Weite dem frommen Gemüte von Gottes Größe spricht.

Warum können wir so die Nacht zwiespältig empfinden? Wir erleben sie als Anfang, als das noch Unbestimmte, auf das das eigentlich Gemeinte und Gültige erst noch kommen soll: das Licht und der Tag. Der Anfang, die Möglichkeit aber ist das Zweideutige: das gute Versprechen, das noch nicht eingelöst ist, weite, freie Möglichkeit, die aber ihre Wirklichkeit noch nicht gefunden hat, der Plan, der herrlich ist, aber noch nicht ausgeführt. Und solches ist notwendig zweideutig; verheißend und bedroht und bedrohlich zumal, das Vorläufige, das noch zu allen Fernen aufbrechen kann, dem aber noch nicht sicher ist, dass es ankommen wird.[17]

KARL RAHNER

Kampf gegen die Wüste

Auch wenn die Wüsten der Erde wachsen, versuchen Menschen doch immer wieder, sie zurückzudrängen, Teile der Wüste zu fruchtbarem Land zu machen.

Auf natürliche Weise sind die Oasen als Inseln der Fruchtbarkeit in der Wüste entstanden, dort, wo Wasser im Untergrund Möglichkeiten zu Pflanzenwuchs und Anbau eröffnet. Brunnen sind in den Oasen die zentralen Orte für Menschen, dort treffen sie sich, reden miteinander, schöpfen Wasser, waschen sie Wäsche.

Die Bibel erzählt immer wieder von Begegnungen an den Brunnen.

Ingenieure, Wissenschaftler denken auch an künstliche Oasen, sie planen und entwickeln riesige Gewächshäuser dort, wo die Wüste ans Meer stößt und mit Entsalzungsanlagen zu koppeln sind. Erforderliche Pumpen und Ventilatoren würden durch Solarenergie betrieben werden. In einem Zusammenspiel der Techniken, durch Verdunstung von Meerwasser und wieder Kondensierung würde ein besonderes Mikroklima entstehen, in dem auf begrenztem Raum Landwirtschaft möglich wäre.

Der Kampf des Menschen gegen die Wüste ist alt, gewinnen freilich wird ihn der Mensch nie. Mögen in Meeresnähe die Gewächshäuser wie die plastiküberspannten Felder in Südspanien oder Südkreta die Landschaft verändern, dort, wo fern des Meeres die Wüste unter der unveränderbaren Glut der Sonne dörrt, bleibt der Mensch ausgeschlossen. Er kann sich nur von Zeit zu

Zeit in sie hineinbegeben, ihre Schönheit und Einmalig-
keit erfahren und bewundern, ohne sie verändern zu
können.

Der Zug durch die Wüste

Die palästinische Wüste ist keine Sandwüste, sondern ein Kalksteingebirge, in dem eine minimale Vegetation mit Gras, Dornsträuchern und Tamarisken anzutreffen ist, aber auch eine vegetationslose Feuerstein- und Salzwüste.

Für die Bibel ist die Wüste eine menschenleere, öde Landschaft, die man meiden sollte, auch weil sie von Dämonen bewohnt ist.

Aber die Wüste wird vom Propheten Jesaja auch als Ort beschrieben, in dem Lilien blühen können, wenn Gott wieder zu Hilfe kommt, wenn die Erlösten des Herrn wiederkommen.

»Denn es werden Wasser in der Wüsten hin- und wiederfließen und Ströme in den Gefilden. Und wo es zuvor trocken ist gewesen, sollen Teiche stehen, und wo es dürre ist gewesen, Brunnenquellen sein« (Übers. Luther).

Wüste: Leere, Erfahrung der Trostlosigkeit und Dürre. Aber die Schrecken der Wüste können überwunden werden durch den Glauben, durch die Herrlichkeit des Herrn, wenn er wiederkommt, sein Volk herauszuführen zur Freude, so, wie Mose beim Wüstenzug sein Volk geführt hat, nicht als Kriegsherr, sondern als der Gesalbte und der Wundertäter.

Jahwe ließ die Israeliten einen Umweg durch die Wüste zum Schilfmeer machen. Sie brachen von Sukkot auf und lagerten in Etam am Rande der Wüste. Wollte Jahwe den Israeliten die Erfahrung der Wüste zumuten?

Wollte er ihnen damit ein Zeichen geben? Aber sie konnten darauf vertrauen, dass er sie durch Mose führen würde.

»Und der HERR zog vor ihnen her des Tages in einer Wolkensäule, dass er sie den rechten Weg führet, und des Nachts in einer Feuersäule, dass er ihnen leuchtet, zu reisen bei Tag und Nacht« (Übers. Luther).

Wüste: die Erfahrung, immer auf dem Weg zu sein, bedroht durch Hunger und Durst. Doch wenn Jahwe mitwandert, ist man geführt. Das menschliche Leben ist gefährdet, und diese Gefährdung hat beispielhaft das Volk Israel erfahren. Ein Bild davon ist die Wanderung durch die Wüste.

Immer wieder in der Wüste

Immer wieder kannst du in die Wüste gehen. Immer wieder, vielleicht nur für Minuten oder für eine Stunde eine Pause machen, loslassen von allem, was dich gefangen hält, was dich bedrückt. In die Wüste zu gehen, bedeutet, sich zu entschließen, Verzicht für eine begrenzte Zeit zu üben, auszusteigen aus dem Getriebe des Berufs, der Umwelt, ja auch der Familie.

Im Garten, auf einer Wiese zu sitzen, vor einem See oder dem Meer, die Gedanken nicht mehr auf ein Thema zu richten, den Blick einfach schweifen zu lassen, gleichsam mit einer Wolke im Blau dahinzusegeln, das ist schon ein Innehalten, ein In-sich-Hineinhorchen, eine Haltung, welche die Wüste gelehrt, angestoßen hat.

Zuweilen ist es auch nötig, Bindungen zu nahen, lieben Menschen beiseitezulassen. Auch allzu nahe, zu feste, dauernde Bindungen können beengend sein. Jeder Mensch braucht die Einsamkeit, um dann mit großer Intensität in die Nähe zurückzukehren.

Anhalten, innehalten, sich Zeit auch für Rituale zu nehmen, für überkommene Formen, die alle Religionen anbieten, bedeutet, zwischen sich und dem Alltäglichen eine Distanz eintreten zu lassen. Es macht Sinn, einen Tag der Woche zu heiligen, in die Synagoge, die Moschee, den Tempel, in die Kirche zu gehen, um den Alltag zu durchbrechen und sich im Gebet, in der Betrachtung zu sammeln. Und immer stehen die überkommenen Formen bereit, immer öffnen sich im Vollzug der Religionsrituale Räume der Stille. Die Wüste als Ort der Sammlung, der Hingabe, ja des Ausgesetztseins ist überall zu finden, wenn dazu die Bereitschaft besteht.

Meister Eckhart hat vom »abgeschiedenen Herzensgebet« gesprochen und deutlich gemacht, dass übliches Beten etwas von Gott begehre. Das abgeschiedene Herz aber begehre gar nichts, habe gar nichts, dessen es gerne ledig wäre, und so sei sein Gebet nichts anderes als einförmig zu sein mit Gott.

Das Wort des Mystikers lässt sich mit der Erfahrung der Wüste in Einklang bringen. Wer sich des Anhaftens an die vorläufigen Dinge entledigt, wer Offenheit und Leere der Wüste im wörtlichen wie im übertragenen Sinn erlebt hat, kann ein abgeschiedenes Herz gewinnen und sich auf den Weg zum Einförmigsein mit Gott machen. Meister Eckhart spricht auch vom Adel und Nutzen vollkommener Abgeschiedenheit.

Vielleicht kommt uns Zeitgenossen schon das Wort Abgeschiedenheit fremd vor, einschränkend. Wie soll man im allgegenwärtigen Musikgedröhne, im Lärm des Verkehrs, in der Hetze der beruflichen Anforderungen in die Abgeschiedenheit kommen?

Doch, wer erlebt hat, wie in einer Moschee ein gläubiger Muslim, am Boden hockend, vor sich auf einem niedrigen Pult einen Koran, die Verse seines heiligen Buches stundenlang rezitiert und meditiert, der kann nur scheu und bewundernd der Stille, Gefasstheit, Konzentration gewahr werden, die sich um den Betenden ausgebreitet hat.

Wer in einer Synagoge oder in der Kirche eines Klosters an einer der Gebetszeiten teilgenommen oder ganz allein in ein Gotteshaus gegangen ist, um eine Stunde in einem Raum zu verbringen, der schon Tausende von Gebeten in sich aufgenommen hat, der konnte das Hinaustreten aus der Vorläufigkeit in einen Vorraum des Himmels erleben, in dem wirklich der Friede des Herzens möglich wird.

Wer eine Nacht lang vor der gewaltigen, übergroßen vergoldeten Statue eines Buddha in einem Zen-Tempel-Bezirk gesessen hat, kann die gleichen Glücksmomente erleben, wie sie in einer Nacht in der Wüste möglich werden, wenn die Sterne wie zum Greifen nahe kommen.

Meditation

In der Vorstellungswelt der Wüstenväter hatte Gott, als Er die Wüste schuf, diese mit einem kostbaren Wert beschenkt. Dieser Wert kann allein mit den Augen des Schöpfers betrachtet werden, da die Einöde für den Menschen den Inbegriff der Wertlosigkeit darstellt. Die Wüste war ein Land, an dem sich menschliche Nutzbarmachung niemals vergreifen konnte. Hier wurde dem Menschen nichts geboten; hier war nichts, das ihn hätte fesseln können; hier war nichts »zu holen«! Vierzig Jahre hatte die Wanderung des auserwählten Volkes durch die Wüste gedauert; einzig Gott allein war diesem Volk zur sorgenden Mutter geworden. Innerhalb weniger Monate hätten die Israeliten das Gelobte Land erreichen können, wenn sie auf dem direkten Weg dorthin gegangen wären. Doch Gott wollte es anders: Er wollte, dass sie Ihn in dieser Einöde lieben lernten und dass sie auf diese Wanderung durch die Wüste als auf eine erinnerungssüße Zeit der Einsamkeit, der Vereinigung mit Ihm – einzig und allein mit Ihm – zurückblicken sollten.[18]

THOMAS MERTON

Textquellen

1. Aus: Thomas von Kempen, Vier Bücher aus der Nachfolge Christi, übersetzt und mit Anmerkungen versehen von Bischof Johann Michael Sailer. Neu bearbeitet von Hubert Schiel. Verlag Herder, Freiburg im Breisgau ²1952
2. Aus: Carlo Carretto, Unser Weg durch die Wüste. Paul Pattloch Verlag, Aschaffenburg 1975
3. Aus: Karl Rahner, Glaube, der die Erde liebt. Verlag Herder, Freiburg im Breisgau 1966
4. Aus: Kirchenväterbrevier. Übersetzt und herausgegeben von D. Heinrich Kraft. Furche Verlag H. Rennebach KG, Hamburg 1966
5. Aus: Karl Rahner: Gebete des Lebens. Hrsg. v. Albert Raffelt. Verlag Herder, Freiburg im Breisgau 1984
6. Aus: Martin Buber, Die Erzählungen der Chassidim. Manesse Verlag, Zürich 1949
7. Aus: Hermann Hesse, Die Gedichte. © Suhrkamp Verlag, Frankfurt am Main 1977
8. Aus: Thomas von Kempen, a. a. O.
9. Aus: Wang Wei, Jenseits der weißen Wolken. Aus dem Chinesischen übertragen und herausgegeben von Stephan Schuhmacher. Copyright © 1982 by Eugen Diedrichs Verlag, Düsseldorf / Köln
10. Aus: Anton Ulrich, Herzog v. Braunschweig-Wolfenbüttel (1633–1714), Christfürstliches Davids-Harpfen-Spiel. Erstdruck 1667
11. Aus: Antoine de Saint-Exupéry. Die Stadt in der Wüste, Kapitel 49. Karl Rauch Verlag, Düsseldorf 1959
12. Aus: Christine Lavant, Die Bettelschale. Gedichte. Otto Müller Verlag, Salzburg 3. Aufl. o. J.
13. Aus: Kleines Lesebuch aus den Schriften Josef Piepers. Kösel-Verlag, München ²1951, S. 28
14. Aus: Antoine de Saint-Exupéry, a. a. O., Kapitel 82
15. Aus: Melchior von Diepenbrock, Geistlicher Blumenstrauß aus christlichen Dichtergärten. 2. verm. Auflage, Sulzbach 1852
16. Aus: Andreas Gryphius, Freuden- und Trauer-Spiele, Sonette. Breslau 1663
17. Aus: Karl Rahner, Glaube, der die Erde liebt, a. a. O.
18. Aus: Thomas Merton: Meditationen eines Einsiedlers. Benzinger Verlag 1976, S. 68 f.
Die Philosophie der Kyôto-Schule. Herausgegeben von Ryôsuke Ohashi. Verlag Karl Alber Freiburg 2009